风吟微澜

「为学生一生发展奠基」的教育心路

谢大海◎著

花山文艺出版社

河北·石家庄

图书在版编目（CIP）数据

风吟微澜："为学生一生发展奠基"的教育心路 / 谢大海著. -- 石家庄：花山文艺出版社，2025. 1.
ISBN 978-7-5511-7662-0

Ⅰ. G637

中国国家版本馆 CIP 数据核字第 2024PS8996 号

书　　名：风吟微澜——"为学生一生发展奠基"的教育心路
FENG YIN WEILAN—— "WEI XUESHENG YISHENG FAZHAN DIANJI" DE JIAOYU XINLU

著　　者：谢大海

责任编辑：刘燕军
美术编辑：王爱芹
封面设计：圣立文化
出版发行：花山文艺出版社（邮政编码：050061）
　　　　　（河北省石家庄市友谊北大街 330 号）
销售热线：0311-88643299/96/17
印　　刷：成都新凯江印刷有限公司
经　　销：新华书店
开　　本：710 毫米 × 1000 毫米　1/16
印　　张：16.5
字　　数：253 千字
版　　次：2025 年 1 月第 1 版
　　　　　2025 年 1 月第 1 次印刷
书　　号：ISBN 978-7-5511-7662-0
定　　价：78.00 元

序言

在办学实践中感受躬耕者的力量

刘莉莉

当我捧起《风吟微澜》这部著作时，内心充满欣慰和敬意。作为一个专门负责校长培训的教育人，我深知每一位校长在教育领域的辛勤耕耘与不懈追求。而谢大海校长（编者注：2023年12月后，谢大海同志转任顺德区第一中学党委书记）以他的亲身经历和深刻感悟，为我们呈现了一部关于教育、关于成长、关于责任的札记。

翻开书页，我仿佛穿越时空，与谢校长一同回到了中小学办学实践中那一个个热火朝天的工作场景。而这本书中呈现的，是从顺德一中的日常教学到教育集团的宏伟蓝图，是从与师生的深情厚谊到对教育改革的深刻思考，每一个章节都饱含着谢校长对教育事业的无限热爱和对未来的坚定信念。

在书中，我深切感受到了谢校长作为教育者的初心与使命。他提出的"为学生一生发展奠基"的办学理念，不仅仅是一句口号，更是他多年来教育实践的生动写照。他深知，教育不仅仅是传授知识，更是点燃学生心中的火种，引导他们走向更加广阔的未来。

然而，教育之路从来不是一帆风顺的。在推进教育改革的过程中，谢校长也遇到了诸多挑战和困惑。如何平衡传统与创新，如何打造特色和品牌，如何激发教师的积极性和创造力……这些问题曾让他一次次陷入沉思，又让他一次次起而躬行。经历思索与实践、困苦与蝶变，方才有了我们今天所看到的顺德一中蓬勃向上的发展势头和生动活泼的教育图景。

在阅读本书的过程中，我被谢校长对教育事业的执着追求所感动，也被他对教育改革的深刻思考所启迪。他不仅仅是一位校长，更是一位思想者、探路人。他用自己的行动诠释了新时代的教育家精神，诠释了一名优秀教育工作者应该具备的精神品质：赤诚的信念、深邃的思考、务实的躬耕、不懈的创新和无畏的担当。

我深知，这本书展示的不仅仅是顺德一中发展的缩影，更是谢校长职业生涯的一种自我反思，饱含着他对教育事业的挚爱、对学校改革的担当以及对自身专业成长的孜孜以求。它值得广大校长和教育工作者借鉴，特此作序。

刘莉莉，华东师范大学教育学部教授、博士生导师，教育部中学校长培训中心副主任。

目 录 _{contents}

第二章　踏雪无痕

第三章 立德树人

第四章　深耕力行

第五章　众行图远

第六章　近悦远来

第七章　砥砺真我

附 录

第一章

初心永志

以热望提升热忱，用毅力磨平高山

——写在顺德区第一中学2022届高三"百日誓师"大会召开之际

春天的校园，草木繁茂，绿意盎然，一派朝气蓬勃、欣欣向荣的景象。

在这个特殊的日子，距离2022年高考仅剩下100天，学校举行了奋斗者的盛典——顺德一中2022届学生高考"百日誓师"大会。看着斗志昂扬的师生们，我满心欢喜。

打好高考攻坚战，是同学们的青春梦想，是家长的殷切期盼，更是学校的执着追求。近年来，秉承"为学生一生发展奠基"的办学理念，顺德一中励精图治，跨越式发展，凸显了高考备考的强劲优势：

——我们有连年告捷的成绩支撑。2021年高考，我们清华大学、北京大学上线人数达6人，高优率突破93%，以一校之力撑起顺德高考一片蓝天；

——我们有一支爱岗敬业、精于备考的教师队伍，他们充满智慧、挥洒热情，构筑了有力的战斗堡垒；

——我们有一套系统、科学、成熟、完善的备考方案，它将指导我们的复习有序高效，步步为营；

——我们有一批志存高远、素质超群的高三学子，他们寒来暑往、勤耕不辍，羽翼日渐丰满；

——我们有"崇尚一流，追求卓越"的一中精神，它让我们超越起点的局限，登顶成功的辉煌。

回首一中学子的高中时光，三年大约1000天，如今仅剩100天。古人说"行百里者半九十"。今天，恰恰立足于这个关键的节点。

　　我想起了一个有趣的荷花池现象。夏天里的荷花池，第一天荷花开放得很少，第二天开放的数量是第一天的两倍，之后的每一天，荷花都会以前一天两倍的数量开放。如果到第30天，荷花开满了整个池塘，那么在第几天，池塘中的荷花开了一半？

　　第15天吗？错！是第29天。这就是著名的荷花定律——它告诉我们一个朴素的真理：毅力成就希望，坚持就是胜利！

　　距离高考还有100天，正如我们已经到了荷花开放的第29天。尽管我们付出长久的努力，可能也只绽放了半个池塘的风采；尽管我们想要花开满塘，但眼下还不能立刻实现心中的梦想。这个故事明明白白地告诉我们：坚持，成功就只有一步之遥！

　　100天够长，足够重塑一个自我，足够打造一个未来；100天也很短，短得不能有半点儿迟疑，不能有一分一秒的虚度与彷徨。

　　有几点建议，愿与正在拼搏的高三学子共勉。

　　一是树立战胜困难的自信。高考，机遇与挑战同在，成功与困难并存。犹豫、彷徨、畏惧困难，我们永远不能到达成功的巅峰；自信、顽强、勇往直前，我们才可手握制胜的神剑，成为战场的王者！

　　二是设立坚定明确的目标。目标是引航的灯塔，是努力的方向，是前进的动力。从"211"到"985""双一流"，直至"清北复交"，咬定青山不放松，稳扎稳打求进步，每天距离梦想近一步，百日意气风发登巅峰！

　　三是追求科学合理的方法。科学的方法是通向成功的捷径。要明确薄弱学科、知识盲点，要构建核心主干、夯实基础，要熟悉应试策略、规范答题。勤者以苦学克敌，智者以方法取胜，备考百日光阴短，更需方法立奇功！

　　四是坚持晨昏不倦的勤奋。学习没有投机取巧的秘诀，重在踏实进取的态度。耕耘才有收获，勤奋方能成功。只有集中精力、全力以赴、脚踏实地、忘我拼搏，才能赢得高考，笑到最后！

　　春天来了，万物复苏，让我们的激情与智慧在温暖的春光里孕育无限的希望。百日竞渡，我们以信心提升热忱，我们用毅力磨平高山。愿我们得心应手，6月金榜题名！愿我们历尽千帆，终能得偿所愿！

以"四好"工程为引领，为学生一生发展奠基

——写在2022年顺德区教育工作会议暨"四好"工程推进会召开之际

2022年初夏一个阳光明媚的上午，我们顺德教育人迎来了区教育工作会议暨"四好"工程推进会的召开。新时代孕育教育的无限生机，教育则赋能新时代更高质量的发展。能成为一中校长，我深感荣幸，同时备感责任重大。

老子说"上善若水"。2021年以来，区委、区政府大力实施"以水美城，以城聚才，以才兴城"的发展战略。顺德教育在这一宏阔的战略背景下，也如一汪清泉，浸润书香，润泽心灵。

我们看到，顺德区委、区政府坚持教育优先发展战略，将教育作为最重要的民生工程，作为城市竞争力的核心要素，持续加大教育投入。顺德区第十四次党代会提出的好生态、好学校、好校长、好教师"四好"工程，带来顺德教育高质量发展的蓬勃生机。"英才计划"让优秀教师有凤来仪，"最美校园"使教学园地焕发神采，"双减"落地使教育生态和谐有序，条件改善让温暖洋溢教师心田。

以新时代党的教育方针为根本指导，以"四好"工程为战略引领，顺德一中坚持为党育人、为国育才，贯彻"为学生一生发展奠基"的办学理念，努力开拓，积极作为。

我们认为，"好生态"是教育发展的厚实土壤，是培才育人的重要基石。秉承110年办学传统，植根于崇文重教的顺德文化，我们依法依规办学，坚持民主管理，有序招生选才；我们厚植爱国情怀，坚持立德树人，重视科

学评价，实施五育并举，培育卓越人才；我们注重开放办学，吸纳全球资源，实施家校合作，夯实家庭教育；我们担当龙头使命，支持区域协作，开展多点帮扶，发展教育集团，促进共享共进。

有人说："一位好校长就是一所好学校。"这是对校长岗位的定位，也是对学校管理团队的要求。顺德一中有着民主、包容的管理文化。作为校长，我以"功成不必在我"却又"功成必定有我"的心态自律，把握教育方向，明确责任担当；坚持学习提高，积极创新实践；当好教师队伍的"火车头"，做好教育思想的引领者。更为重要的是，在区委、区政府和区教育局的关心支持下，我们进一步优化了班子结构，一批年富力强、勤奋敬业、业务精湛的青年干部被充实到校长团队，迸发出青春活力。在校长团队的带领下，我们开辟学生多元成才通道，践行"知行合一，体验内生"的德育工作路径，深化"互联·深度"教学改革，提升"阅读、书写、运算、表达"四大关键能力。顺德一中的发展实践告诉我们：优质的管理背后，一定站着优质的团队；团队的力量，才是真正强大的力量。

"问渠那得清如许，为有源头活水来。"兴学育人，是一个教泽绵长的过程，而优秀的教师则是永葆清澈的那一泓源头活水。我们全面实施"名师工程""青蓝工程"，促进教师专业发展：学校推荐35名优秀教师担任高校硕士生、本科生导师，成立16个名师工作室，举办"相约星期三"学术沙龙等。由此，一批名师脱颖而出——截至2022年5月，我们拥有在职正高级教师6人，特级教师2人，位居全市前茅；3个省级名师和名班主任、名校长工作室，成员、学员遍布全省；仅2021年，就有2名正高级教师和一批清北顶尖名校、世界名校毕业生加盟顺德一中；本学年，我校4名教师代表佛山市出征省青年教师教学能力大赛，3人进入五强，居全市第一。"让优秀的人培养更优秀的人"，顺德一中在行动。

对标大湾区名校，建设"好学校"。"好"是对高质量的概括表达，是人民对教育品质的集中期望，更是学校办学的目标追求。顺德一中以坚持办好人民满意的教育为目标，一年一台阶，各项办学指标日益向"好"。我们着力开展尖优生培养，回应顺德人民的教育关切，屡有建树；引入华东师范大学、华南理工大学等名校资源，为我所用；组织数学、物理、生物、化学、信息等学科竞赛，"将学科纳入赛道"，卓有成效。在上级党委、政府的关心支持下，学校环境更加美丽，图书馆、校友楼等焕然一新，一中湖碧波荡漾，生态园山水掩映，环校绿道亮丽铺展。顺德一中的"好"，正是我们一中精神——"崇尚一流，追求卓越"的直观写照。

发展的征程，总是充满挑战，顺德一中也面临着一些发展的新情况、新课题。但是，只要我们秉持教育的初心，担当教育的使命，就"不畏浮云遮望眼"。顺德一中，正与顺德教育人一道，踔厉奋发，笃定前行。

"国将兴，必贵师而重傅"；城更兴，定尊师且重教。顺德一中的深厚底蕴，让我们信心满怀；区委、区政府的高度重视，更让我们斗志昂扬；而"四好"工程教育大会，则进一步为我们廓清前路，指引方向。全体顺德教育人正携手共进，逐步提高教育教学质量，建设大湾区教育高地，"教育强区、幸福顺德"的光荣梦想就在眼前。

致广大，尽精微，做不负时代的一中人

——写给顺德一中2022届高三毕业学子的一封信

2022年6月13日，顺德一中为2022届高三的984位同学举行了庄重的毕业典礼。看着一个个熟悉的面孔，或是青春昂扬的学生，或是温和敬业的老师，又或是满脸骄傲的家长，我不禁感触良多。

毕业最是快乐。毕业是一个阶段学习任务的终结，是向更高处进阶的起始。过去三年，同学们在这里收获了知识、才干和美德；眼下，同学们即将放飞自我，开启缤纷生活；不久，同学们将迈入大学的殿堂，贴近人生的梦想。既有岁月可回首，又有前程可奔赴。诚然，人生至美，毕业之期。

毕业最是情伤。三年前，同学们踌躇满志而来；三年后，你们挥手踏歌而去。你们勤勉踏实，求索奋进，成绩斐然，是全校的表率！两次军训，你们拍下了属于你们这一届的首张"全家福"；"四会"学农，你们首创自然观察课程；"朗读者"大赛，红色激情血脉偾张；英语晚会，华丽炫目，才华流淌。春日的凤凰花，夏日的杧果树，秋日的一中湖，冬日的黄花铃……一切都已然成为你们珍贵的一中记忆。而与你们朝夕相伴的老师，又在你们的成长和收获中，增了一丝皱纹，添了些许白发。本届高三教师中，我们有7位优秀的教师在光荣退休前站好最后一班岗，如今你们毕业，他们也将"毕业"。这是何等有缘，又是何等壮美！他们是符柏岳老师、张学军老师、翁祥辉老师、刘顺才老师、方修培老师、刘富平老师、罗文萍老师。感谢他们的辛勤付出！

毕业正当沉思。三年高中，同学们应该思考，你收获了什么？顺德一中留给了你什么？你们这三年，有无数次志愿奉献，培养了自律自强的精神，在困境中顽强地成长……一中这三年，"为学生一生发展奠基"的理念指引，"互联·深度"的教学改革，"知行合一，体验内生"的德育实践，"阅读、书写、运算、表达"四项关键能力课程、"五个一百"的素质提升课程，丰富多彩的研学课程以及问鼎高端的学科竞赛课程，让你们在顺德一中这所百年老校收获的是洋溢于全身的气场和气质，领先于同侪的能力和素质，奠基美好人生的实力和底气。

毕业正当畅想。作为顺德一中的一员，同学们与母校共享荣耀；作为即将离开母校奔赴前程的才俊，你们与母校同怀梦想。一中学子与顺德一中，就是如此血脉相连，声气相通。我们期待，从顺德一中毕业的每一位学子，都能牢记肩头使命，崇尚一流，追求卓越，成为行业的精英，锻造人生的精彩！我们也期待，每位一中学子，都能将母校珍藏心底，融入血液，以成就报答母校，以真情回馈母校！

毫无疑问，我们生活在一个大时代。我们需要在大时代的大背景下，审视我们一中青年的责任和担当——既能登高望远、胸怀大局，又要落细落实、积微成著；既能"致广大"，又要"尽精微"。

今年高考的作文，一个关于围棋术语"本手""俗手""妙手"的话题，引发各界热议。世人所谓"妙手"从何而来？致广大而尽精微，是我们成长可取的切实路径——既在战略上"致广大"，又在战术上"尽精微"；既强调勇气和担当，又讲究方法和策略。如此才能沉着应对诸多挑战，掌握干事创业本领。

我们愿你心怀天下，但不可迷失于世界纷繁芜杂的浮华表象，而是抽丝剥茧，细处入手，探求规律。外太空、元宇宙、极端气候……大事的背后总有内生的逻辑等你发现，细微的线索将会给你认知全局的钥匙。

我们愿你创新报国，但不可只空喊爱国口号，也不可只关注纳斯达克和创富神话，而是聚焦某一领域，潜心基础研究，板凳坐得十年冷，日拱一卒，年将一军，希冀为国家甩开"卡脖子"的手贡献一份力量。

我们愿你以笔为刀，但不可只沉迷辞藻堆砌和文章锦绣，而是长期观察身边问题，聚焦现实疑难，以眼力、脚力、心力助力笔力，期望以有力度、有温度的文字为社会增益添彩。

我们愿你志在四方，但不可一味悠游河山壮丽，流连美食美景，而是或工或建或农或医，把青春挥洒在片片热土，把论文写在山山水水，与真实的人们相遇，成就身边力所能及的美好。

我们愿你阳光满路，但不可停留于志向的高远和格局的宏阔，而是明晰今天的自我、当下的路；记下父母的生日、长辈的喜好；懂得一言一语的冷暖，一言一行的得失；自觉自律，每天读书十页，行路万步；有爱有行，日行一善，三省吾身。

我们愿你自强不息，但不可拘泥于书本的故事、心底的认知，而是明白行动的力量、生活的日常。高考只是一驿站，一得一失，不足为意；人生才是马拉松，点点滴滴的积累，永不放弃的坚持，终将犒赏更加优秀的自己。

青年不负时代，时代定不负青年。把握"天下大势"，心怀"国之大者"，成就"人生大我"。无论是"致广大"还是"尽精微"，我们都要做的，是要成为一名梦想者、笃行者、奋进者，以终为始，沉潜蓄势，扎扎实实下好"本手"，追求创新成为"妙手"，克服冲动免为"俗手"。

青年的命运，从来都同时代紧密相连。有责任有担当，青春才会闪光；青年担当大任，中华方显精彩！

追风赶月莫停留　平芜尽处是春山

——写在顺德一中建校111周年纪念大会召开之际

百十征程又一年，又逢校庆再聚首。去年的今天，我们举办了建校110周年庆典。上次庆典，我们以"承百十载岭南文脉，铸一中人卓越本色"为主题，系统回顾了顺德一中110年的初心理想、奋斗历程、丰硕成绩和基本经验，明确了建设"立标省内、领跑湾区的高品质岭南名校"的奋斗目标。

雄关漫道真如铁，而今迈步再出发。今年是我们顺德一中向又一个十年奋进的开局之年。今天我们齐聚一堂，既是喜迎顺德一中111周年华诞，也是以奖教奖学的方式对2022年进行总结。

我们回首一中人的2022年，这是见证初心的一年，也是书写卓越的一年。在区委、区政府的正确领导下，一中师生接续奋进，各项工作均取得了骄人的成绩。

我们牢记使命，担当作为，承续岭南文脉，建设龙头标杆。2022年，一中教育集团入选广东省首批基础教育集团培养对象，我校在年度区属公办学校绩效考核中获评第一名，并获顺德区先进学校、顺德区优秀学子培养团队、顺德区2022年高中教学质量优秀奖、顺德区中小学办学质量考核A等次等集体荣誉。同时，我校被北京师范大学、华南理工大学、武汉理工大学等著名高校授予"优质生源基地"称号等。

我们为党育人、为国育才，潜心立德树人，矢志追求卓越。2022届高考成绩稳中有进，稳居佛山市前三名，在全部同学顺利升入本科院校的基础上，90%以上的同学成功考入梦想中的优质大学；同时，多元化育才彰显成效，众多学子问鼎名校。2022年7月，佛山市高考总结分析研讨会在我校举行，优异的高考成绩和优质的会务服务普获赞扬。2022年，我校学子获国家级奖项115项，省级奖项327项；艺术团参加广东省第七届中小学生艺术展演活动获全省第二名，实现历史性的突破；女子垒球队代表佛山市出征广东省第十六届运动会，为佛山再添一金，创造了佛山垒球项目省运会最好成绩；长鹿顺德一中女子排球队代表佛山市出征广东省中学生运动会排球比赛，勇夺桂冠，实现省赛九连冠。

我们不忘初心，接续奋斗，深耕三尺讲台，彰显名师风采。2022年，一中教师获得教科研国家级奖项22项，省级奖项86项。罗士裸老师被评为正高级教师，谢扬科老师被认定为首届"佛山市文化英才"，赖良才、江蕊、郭婷老师分别被评为佛山市教育系统先进教育工作者、优秀教师和优秀班主任，李智老师获顺德区2022年度"我最喜爱的老师"称号。学校学术委员会顺利换届，25个各级名师工作室继续领跑佛山。青年教师王瑶等7人被评为佛山市中小学学科优秀青年教师，罗筠怡、彭正英、吴浪思、卢碧妍4人获佛山市中小学教学能手大赛一等奖，顺利进军省赛。张耀雄、李莎莎等8人获"佛山市教学能手"称号。教师获奖人数、获奖质量居全市前茅。

我们敢于创新，勇于突破，特色内涵发展，成就名校风华。2022年，我们进一步探索"现代书院制"育人模式，少年科学院、凤山书院、九章书院并驾齐驱，改造升级《腾龙》杂志；通过全国奥赛集训，与华南理工大学机器人创新基地合作完善拔尖创新人才培养模式；顺德一中家庭教育研究中心揭牌，家校共育平台发布，备受关注；一中教育集团深入探索"初高衔接课题研究"，"轮值制""导师团""短期课程"等多元并举；成立了首届校级家长委员会，探索了对应届别轮值担纲校庆纪念活动的制度创新。

这一年，我们一中人踔厉奋发，笃行不怠，一中人的集体智慧、团结奋斗、坚定勇毅和优化革新，汇聚成了顺德一中磅礴向前、腾飞向上的精神力量。

珍惜荣誉、忘我奉献是我们高质量发展的精神支柱。"一中人"是我们共同的名字，事业心、责任感、荣誉感、使命感是我们共同的精神标签。

2022年高考，我们在生源相对不利的情况下再度赶超竞争强手；自主招生考试，16小时内完成阅卷并开通成绩查询系统，创下一中速度；7名临近退休的教师翁祥辉、刘顺才、方修培、张学军、刘富平、罗文萍、符柏岳，以最年长的教师身份，奋斗在最繁重的高三岗位。这些一中人的故事，值得我们永远传唱。

问题导向，刀刃向内是我们走向胜利的重要法宝。我们根据教学质量监控形势的变化，适时开展了"教学效益月""教学质量月"活动，行政带头，问诊课堂，用数据说话，直指问题核心。这种自我革命的勇气，自强自新的果敢，是促进我们的工作不断进步的原动力。

高度组织，协调有序是我们高效工作的重要保障。大容量、高强度、快节奏是学校工作的常态。一中师生凭借高度的责任自觉和纪律自律，支持中心，服务大局，高效组织，统筹协调，以极高的工作效率和工作质量完成一件件工作任务。这种工作作风和精神状态，为"卓越一中人"留下了最为生动的注解。

在111周年校庆的今天，我们更加明晰地体会到一中人的精神格局，那就是"心系国家，奉献社会"的价值基础，"敢于担当，勇于挑战"的品格风骨，"崇尚一流，追求卓越"的学校精神，"朝气蓬勃，日新日善"的创新气质。这是我们迎接挑战的坚定底气，也是无往不胜的精神力量。

追风赶月莫停留，平芜尽处是春山。拔尖创新人才的培养，是国家发展的大计，也是一中立校的根本。为此，我们将更加坚定地高举高质量发展的大旗，紧紧围绕提高教学质量这一核心，加速布局高水平人才战略、五大学科竞赛培优工程、集团课题课程研究开发计划、数学核心课程建设计划等，力争2023年高考再创新辉煌，教育教学质量迈上新台阶。

再过15天，我们将迎来全新的2023年。新的一年，机遇与挑战同在，而对于不懈奋斗的一中人来说，每天都是新生。我们坚信，在社会各界的关心、支持下，我们全体一中人必将继续勇立时代潮头，擦亮品牌，乘势而上，再创荣光！

12月18日，顺德一中111周年校庆的钟声即将响起。从今年起，我们变革校庆的纪念方式，由对应相关届别的校友担纲庆祝。今年是2022年，1982届校友扛起大旗，其余"2"字尾的校友参与主持；明年，校友会的大旗将郑重交给毕业届别为"3"字尾的校友。我们希望按此届届传承，生生不息。

让我们祝福顺德一中111周岁生日快乐！让我们共建顺德一中蓬勃向上，欣欣向荣！

文起正东　初心交泰

——参加顺德区第一中学"东泰楼"开工启动仪式有感

2023年7月2日，顺德一中锣鼓喧天，雄狮劲舞。我们怀着激动的心情在这里隆重举行"东泰楼"项目的开工仪式。

佛山市顺德区第一中学始建于1911年，是首批广东省一级学校和全国示范性高中，也是首批佛山市卓越高中。2021年，经佛山市顺德区发展和改革局批复同意实施佛山市顺德区第一中学教学楼建设工程，我校计划新建一栋教学楼以及连廊，总建筑面积约为13200平方米，预计2024年10月竣工，秋季投入使用。

合抱之木发毫末，九层之台起累土。今天启动建设的"东泰楼"，是区委、区政府持续关注教育、改善教育、保障教育的又一力作，是落实顺德区"四好"工程的重磅之举。建成后的"东泰楼"将会连通教学楼、图书馆、食堂、宿舍等区域，成为校内通行主干道的枢纽，同时可以再新增600个学位，这也意味着更多顺德孩子将享受到我们学校的教育。

特别值得一提的是，该工程总投资近6000万元，建设所需资金67%由区财政承担，另外2000万元由热心企业广东东泰五金集团捐赠。东泰集团与一中，多年来和谐共鸣，初心相映。

顺德一中不会忘记，2018年4月，东泰集团慷慨捐出1000万元，助力顺德一中图书馆改造升级，从此，顺德一中的孩子有了名副其实的"阅读天堂""最美空间"。

顺德一中不会忘记，东泰集团在顺德一中专设"东泰阅读基金"，每年向求知若渴的孩子们颁发"东泰博雅阅读奖",书香校园顿成气象。

今天的新教学楼项目,东泰集团再次慷慨捐赠2000万元,用赤子之心和拳拳大爱,为我们书写了最美的一中故事。东泰集团情系教育、回报桑梓、造福社会的善行义举,必将被每一个一中人永久铭记。

承爱前行,铭恩致远。得益于区委、区政府以及社会各界的关心、厚爱和支持,今年的高考,顺德一中再交答卷。我们可以看到有泪洒考场的感恩少年,有逐梦清北的最美学子,有争先奔跑的体育先锋,有近千名青年才俊圆梦理想大学,为家庭幸福点亮星光,为祖国发展积蓄力量。

我们深知,今天的一中,依然处于爬坡向上的关键时期,我们距离上级党委、政府和300万名顺德人民的热切期待还有距离。我们有幸奋斗在文脉绵长的顺德,我们欣逢一个文教昌盛的时代。时代赋予了一中更为厚重的责任,一中也将回馈时代一份更美的答卷。一中人秉承"为学生一生发展奠基"的办学理念,践行"崇尚一流,追求卓越"的价值追求,坚守"我在,一中更精彩"的行为自觉,正勠力同心建设"立标省内,领跑湾区的高品质岭南名校"。

文起正东,初心交泰。"东泰楼"的建设将进一步完善我们学校的教育设施,为广大学生提供更加优质的学习条件和更加舒适的学习空间。我们相信,"东泰楼"将进一步促进我校加快教育改革和发展的步伐,推动学校教学质量的飞跃提升,为我校实现教育高质量发展插上有力的翅膀!

顺德一中全体师生,要接续奋斗,珍惜政府和热心企业为我们提供的优越教育资源,将这份关爱转化成时不我待的紧迫感、敢于担当的使命感、奋勇争先的责任感,扎实苦干、锐意进取,以更优异的教学成果、一流的办学业绩回报上级的关爱和社会的支持!

以卓越之志再启新程

——写在顺德一中2023届高三学生毕业之际

今天，很高兴参加高三孩子们的毕业典礼。

今天，我们相聚一堂，以传统的、线下的方式，举行毕业典礼，这对每个高三师生来说意义非凡。三年来，我们走过的岁月，我们付出的艰辛，我们展现的刚强，我们经过的洗礼，苦涩而难忘，厚重而久远，值得深刻铭记。

在此，我为三年来勤奋努力、追求卓越、学会感恩、懂得担当、眼中有光、心中有爱的高三学子点赞！为兢兢业业、爱生如子、勇创佳绩的老师们点赞！

什么是教育？爱因斯坦曾说，一个人忘记在学校所学的东西之后，留下来的部分才是真正的教育。

告别母校，奔赴山海。如今孩子们暂时告别了早起的铃声、严苛的纪律、老师的叮咛、频繁的考试。但是，这不等于归于起点，重回当年。我相信，虽然铃声叫不醒你，但习惯可以；虽然纪律不再约束你，但品德可以；虽然老师不再耳提面命，但他们的影响可以。这种蜕变，叫成长。

更为重要的是，我们身处顺德一中这所优秀的学校，与3000名最优秀的同学一起，坐而问道，起而躬行。一中三年，"为学生一生发展奠基"的理念指引，"互联·深度"的教学改革，"知行合一，体验内生"的德育实践，"少年科学院、凤山书院、九章书院"的文化浸润，"阅读、书写、运算、表达"四项基本能力课程、"五个一百"的素质提升课程，丰富多彩的研学课程以及问鼎高端的学科竞赛课程，让你们在顺德一中这所百年老校，收获的是洋溢于全身的气场和气质，领先于同侪的能力和素质，奠基美好人生的实力和底气。这种收获的源头是教育。

在这个夏天，你终于可以"进淄赶烤"，食一串人间烟火，饮几杯人生起落；置身故宫，听两朝六百年的风云故事；登临长城，望祖国山川之雄伟辽阔；观兵马俑，感受"秦皇扫六合，虎视何雄哉"的磅礴气势；去成都走走玉林路，去西湖对望雷峰塔……站在山巅与日月星辰对话，潜游海底和江河湖海晤谈，和每一棵树握手，和每一株草私语。

亲爱的孩子，今日毕业，一中留给你的，是作业背后的积淀，是跑操过后的成长；走出一中，你看到的世界何其广阔，目光所及都是诗与远方；你体验的人生何其精彩，你的脚下尽是美和幸福。

在这个特别的时刻，我想和孩子们分享几点感悟，给大家一些嘱托。

第一，以赤子之心担使命，与祖国同呼吸共命运。

"你属于你的祖国，正如你属于你的母亲。"在当今社会，没有人会是一座孤岛，一滴水只有融入大海才能成其浩瀚，一个人只有融入祖国才能行稳致远。一代人有一代人的责任，志之所趋，无远弗届，穷山距海，不能限也。

长征是人类历史上一次罕见的不畏艰险的远征，在这个队伍中有一半以上是二十四岁以下的年轻人。这些红军将士视死如归，向死而生，靠的是什么？靠的就是他们远大的志向和坚定的信仰。年少多壮志，青春应许国。新长征路上，有风有雨是常态，风雨无阻是心态，风雨兼程是状态，你们要用初心壮志和青春热血，谱写无愧于先辈、无愧于祖国、无愧于时代、无愧于人民的青春华章。

第二，凭热爱之名赴山海，与世界同频率共精彩。

孩子们，热爱所在，即目标所在；方向所在，即幸福所在。不驰于空想，不骛于虚声，勇往直前以赴之，百折不挠以成之。我希望大家保持对阅读的热爱。英国作家毛姆写过一本书，书名是《阅读是一座随身携带的避难所》。为什么要把阅读称为"避难所"？书里或许就有答案。我希望大家保持对生活的热爱，去关爱家人朋友，去喜欢美食美景，去了解天文地理，去研究工农医建，把论文写在山山水水，把真情留给民生民瘼。我希望大家保持对运动的热爱。"无体育，不清华"是在清华大学师生中广为流传的一句口号，运动锻炼体魄，运动塑造人格，生命在于运动，运动成就人生。追逐热爱、实现梦想离不开努力与自律。在一中湖里，十二只"一中鸭"在水中悠游，表面看上去它们从容淡定、波澜不惊，但是它们水下的双脚，一直在拼命地游动。在追梦的路上，唯有不懈坚持与自我约束，方可跨越高山大海，走向一马平川。

第三，以卓越之志启新程，与青春争朝夕同奋进。

"崇尚一流，追求卓越"是我们顺德一中的精神信念。莎士比亚说："人，是宇宙的精华，万物的灵长。"你们作为同龄人中最优秀的一员，更是人群之翘楚，众里之精英。能力越强，责任越大。卓越是你们的精神气质，更是你们的人生使命。你们要聚焦于世界的前沿，在外太空、元宇宙、极端气候、生命科学、人工智能中探寻事物的内生逻辑；你们要关心人类的苦乐，在教育公平、经济振兴、缩小贫富差距、消除偏见隔阂等领域贡献智慧。要记住，你们的征途是星辰大海，你们的未来是浩瀚苍穹。你们要一直努力，不负时光，在天地间绽放属于自己的光芒。

孩子们，外面的世界很精彩，外面的天空很辽阔。请带上母校的祝福上路吧！无论走到什么地方，母校永远是你们坚强的后盾。你们的成功是母校最大的骄傲和自豪。希望你们能以优异的成绩彰显母校的风采，续写母校的荣光。

以感恩之心辞别母校，以卓越之志再启新程。最后，我衷心地祝福孩子们人生精彩得意，前程繁花似锦！

越关山星河灿烂　践初心征程正远

——顺德一中2022学年第二学期工作回顾

　　红榜张，盛夏临。我们在流金铄石和龙舟水涨的交替洗礼中，即将送走忙碌而有序的2022学年第二学期。本学期，我们积极贯彻落实市构建"五好"教育新形态和区"四好"工程的相关工作要求，力促学校办学高质量发展。这是一个激情澎湃的学期，红色信仰引领卓越，课堂革新风生水起，"双高"行动鼓角争鸣，峰会论道近悦远来；这是一个满载星辉的学期，高考成绩又创新高，筑巢引凤有凤来仪，青年才俊成绩斐然，新楼奠基拥抱未来。我们以优异的办学业绩，充实"四个学会"的校训内涵；以蓬勃的进取姿态，"为学生一生发展奠基"。顺德一中昂扬奔跑在"建设立标省内，领跑湾区的高品质岭南名校"的快车道上。

一、本学期的主要成绩

　　本学期我校成绩卓著，硕果累累。

　　一是高考成绩勇攀新高。2023年高考，我校成绩创下新纪录：特控率高达96.1%；历史类全省前100名2人；600分以上人数达497人；3人达清华大学、北京大学录取标准；2人达北京体育大学录取标准，实现本校在该大学录取零的突破。区委、区政府对学校高考成绩给予充分肯定，学校携优异的高考成绩继续领跑佛山教育。

　　二是全新平台前程万里。学校以绝对实力跻身佛山市"双高行动计划"数理类高水平学校，继"佛山市卓越高中"后，在全新赛道上参与新一轮龙头学校的"巅峰角逐"。新教学楼"东泰楼"开工建设，学校办学规模即将跃上新台阶，办学整体格局面临新机遇。

三是集体表彰纷至沓来。学校图书馆获评广东省中小学"最美阅读空间"，学校被评为佛山市基础教育教研基地项目高中语文教研基地、佛山市首批基础教育课改实验建设学校、第19届"外研社杯"全国中学生外语素养大赛优秀组织单位，学生会被评为"广东省优秀学生会"，老干支部被评为顺德区离退休干部"六好"党支部示范点。

四是获奖师生星光熠熠。本学期，我校荣获区级以上奖励的师生达800余人次，获奖人数、获奖质量居全市前茅。青年教师参加教学能力大赛，在各参赛学科角力中，获得6个区级一等奖，3个市级一等奖。学校运动健儿获顺德区2022—2023年度学生体育竞赛高中组团体总分第一名，顺德区青少年篮球锦标赛男子团体第三名。

二、本学期的主要工作

（一）砥砺初心，为党育人，为国育才

本学期，学校积极推进落实党组织领导的校长负责制相关工作，落实党组织对学校工作的全面领导。常态化召开党委会议、班子民主生活会、支部组织生活会，严格落实"第一议题"。学校严格执行《佛山市顺德区第一中学"红橙黄牌"预警监督管理办法》，持续开展师德师风教育整治活动，全校教职工爱岗敬业，乐教善导，形成优良的团队氛围。副校长赖良才扎根贵州黔东南已满两年，领导台江县民族中学再次取得高考的重大胜利。学校选派优秀教师章晓峰赴新疆伽师支教，为区域教育协作和民族团结再次贡献一中力量。

（二）科学谋划，聚焦核心，重点突破

本学期是我们执行"顺德一中五年发展规划"的第四个学期。2023年高考，我校特控率创下历史新高，多项数据彰显强劲的教育提升力。我校成功申报市"双高行动计划"，成为全市三所高水平数理类普通高中之一。引才工作再次取得重大进展，本学期我校成功引进2名博士研究生和4名清华大学、北京大学毕业生，并计划引进一批高层次人才，高标准落实了区"好教师"战略，学校师资不断加强。五大学科的奥赛培训逐渐形成体系，在本学期顺德区数学、物理、化学、生物学科竞赛中，我校共323名学子获奖。我校布局实施精准招生、开拓多元化育才的路径等工作均成果丰硕。

（三）精细管理，因势利导，提质增效

学校以提高教学质量为工作重心，深化"三新"课堂教学改革。系统开展和推进"教学效益月""教学质量月""初高衔接""数学运算课、小老师、午练"等学科优化措施。全校人均听课9.24节，宋将、谷亚楠等青年教师听课达50节以上。深入落实"阅读、书写、运算、表达"四项基本能力建设，持续开展"五个一百"工程建设，综合发挥"三院"优势，加强与高等院校、优质科技企业的交流合作。2023年3月，开展教学开放日活动，充分展现我校优秀办学成果和教育影响力。在本学期顺德区高中教育阶段青年教师教学能力大赛中，成果丰硕，6名教师（语文教师林柔莹、数学教师丁崇芳、英语教师汪雅君、物理教师罗筠怡、历史教师吴浪思、心理教师周素雅）代表顺德区参加佛山市青年教师教学能力大赛，其中丁崇芳、吴浪思、罗筠怡老师获得市一等奖。

（四）真抓实干，充实内涵，立德树人

本学期，我们构建"一中青年学·说·行"理想教育品牌，团委首次承办顺德区五四主题团日活动，300多名一中教育集团的团员青年齐聚一堂，共话担当。举办安全教育周系列活动，引导一中学子形成"大安全观"。心理室为585名同学提供心理辅导，开设近20个主题的心理课程。成功举办第12届班主任节系列活动，开展了5期班级管理专业素养系列培训活动，构建了300多个科任导师团队。德育科研实现新突破，省级德育专项课题以优秀等级通过验收，罗士祷佛山市名班主任工作室顺利揭牌；陈泽锋老师被推选为"佛山市最美班主任"。

（五）高位引领，弘扬学术，培育名师

本学期，学校积极开展省校本研修示范校研修活动，广纳资源促进教师专业发展。携教育集团举办了与贵州台江县、广东茂名市、广西河池市等地的联合教研活动，全面展示了优质的教育教学水平。此外，学校还开展了赴台江县民族中学、四川双流中学、西藏林芝广东实验中学、广西罗城高级中学等学校的交流和送教活动。李长福、刘翔武等省、市、区、校四级名师工作室，举办活动丰富多彩，成果丰硕。举办了佛山市基础教育三名人才工作室暨省级领军人才工作室联合揭牌仪式。依托学术委员会，共完成了5类15项课题的遴选和申报工作。

（六）高标运筹，示范引领，播誉四方

一是承办大型活动。3月17日至18日举办的全国校长峰会暨教育教学开放日活动，吸引参会校长、专家、教师多达1800人，充分彰显了顺德一中的教育影响力。

二是实施教育帮扶。与江西省安远一中东校区、潮州市高级中学、贵州省台江县民族中学、西藏自治区林芝市广东实验中学、高州市第四中学和大井中学、佛山市三水区实验中学、高明一中、云浮市新兴一中、顺德区容山中学、广西罗城仫佬族自治县高级中学等学校建立结对帮扶或结对共建关系，开展了大量工作。潮州市高级中学、新兴一中、安远一中东校区、台江县民族中学的教师来我校跟岗学习达113人次。

三是接待同行来访。先后接待了凉山州人民政府、德阳市人民政府、汕头市第一中学、江西永新中学、江西萍乡中学、贵州省剑河县民族中学和第二中学、广西贵港市港北高中、香港梁铷琚中学等单位来访，展现了一中形象，传递了一中声音。学校宣传工作高效，"学习强国""今日头条""腾讯""搜狐""佛山新闻网""顺德发布"等媒体，《人民日报》《中国教育报》《广州日报》《佛山日报》《珠江商报》等报纸均对我校进行了专题报道。其中，顺德一中高三学子含泪感恩母校的视频被转发点赞达10万余次，2023届高三备考视频累计播放量6万余次。

（七）同气连枝，共建家园，共享幸福

顺德一中教育集团深入开展轮值制、导师制、学长制、短期课程等工作机制，促进学段贯通培养，与名师名校长工作室、校本研修示范校等工作多向联动，与高明一中教育集团缔结结对共建关系。学校食堂进一步完善自建管理运营体制，教职工参与食堂经营管理热情不减，师生、家长对食堂满意度达95%以上；本学期完成了高压电房改造及体艺馆用电增容项目申请，7月新教学楼暨"东泰楼"的施工胜利启动，教室护眼灯的更换和拔尖创新人才培养教室的装修等工作也提上日程。学校工会组织丰富多彩的教职工活动，参加人数达700余人次。面向教职工的篮球交流赛、美术作品展、"六一"亲子活动、"魅力女性"健康讲座等，深受欢迎。

三、本学期的基本经验

（一）"高效率"是应对时代变革的基本要求

本学期，学校工作千头万绪，"时间紧，任务重"成为工作常态。我们善于做时间上的科学安排、空间上的合理配置、事项上的整合优化，在短短的一个学期内，高质量完成了大容量的工作。

（二）"微改革"是促进办学水平的重要形式

本学期，我们善于在细微之处找空间、挖潜能、谋生机。高三作息时间的细微调整带来备考效率的提升；行政会议议程的变革，释放了大量的行政资源。克服思维定式，不断改革创新，必将为我们的工作强势赋能。

（三）"广链接"是提升工作层次的应有思维

顺德一中是百年老校、老牌名校、区域强校，享有得天独厚的资源禀赋，采取主动发掘、善于链接、积极运用的方式将有助于学校工作跃升高平台、新台阶。学校借力科技企业办好全国校长峰会，依托名校长名师工作室举办省、市级教研活动，牵手团区委承办全区团日活动，莫不得益。

（四）"兴文化"是提高工作品位的永恒定律

顺德文脉源远流长，百年一中根深叶茂。挖掘文化内涵，提炼文化特质，讲好一中故事，弘扬一中精神是每个一中人应有的行为自觉。文可育人，文亦化人；文以载道，文以赋能。小到通知文件的用语规范，大到盛世名黉的格局气象，高雅的学校文化给予我们的不仅是锦上添花，更是卓尔不群。

（五）"勤复盘"是不断改进工作的推进力量

学校每学期承担大量工作任务，其中不乏高层次、高规格活动。大型活动体现大校风貌、管理水平，也历练行政能力、师生素质。在工作中及时复盘，积累经验，总结教训，持续改进，精益求精，是"崇尚一流，追求卓越"的应有之义。大型活动当如此，日常工作亦当如此。

四、存在不足及努力方向

本学期，我们的工作依然存在一些遗憾。尖子生的培养是制约学校高位发展的一大瓶颈，更高效的数理学科的教学路径还在探索，教职工队伍中影响团队形象和战斗力的因素依然存在，学校管理的效益还有提升空间。

下一步，我们将紧紧围绕"提质增效"深入开展教学革命，着力破解制约教学高质量发展的顽瘴痼疾和机制障碍；课题式开展数理学科教学专项提升计划，更早、更准、更科学地布局尖优生培养和开展多元成才路径探索；有序开展行政人员轮岗工作和优秀教师支教工作，提升行政管理领导力和执行力，促进教师专业成长；进一步加大引才力度，力争在高水平竞赛教练等关键岗位上取得重大突破；开源节流，深度构建节约型校园，更好发挥现有资源的使用效益。

越关山星河灿烂，践初心征程正远。在承前启后的时间节点，我们的总结是回首过往鼓舞师生，更是放眼前程积蓄斗志。"崇尚一流，追求卓越"是一中人的精神气质；自我革命、永不懈怠是一中人的自我期许。让我们以一中人的责任担当和行动自觉，反思过往、立足当下、谋划未来，在顺德一中爬坡向上、再创辉煌的关键时期继往开来、守正创新，携手奋斗、再创佳绩！

既许顺一以偏爱 愿尽青春之慷慨

——顺德一中就校园开放日致各界感谢函

2023年12月23日，顺德一中举行校园开放日。在顺德一中建校112周年之际，数千个家庭在这个温暖的冬日，齐聚顺峰山下，体验大校温度，问道教育初心，文接百年风华，志取万里云程。

这是一所传承了上千年岭南文脉，讲述着500年顺德故事的学校；这是一所与辛亥革命同龄，傲然屹立了100余年的学校；这是一所顺德人情之所系、心之所向的学校。它把岭南文化与顺德精神紧密相连，将顺德人的崇文尚教与务实进取融为一体。

它的名字叫顺德一中。

顺天明德，谓之顺德；首冠群伦，谓之第一。一旦佩戴了顺德一中的校徽，每个人就拥有了被国家选择、家乡寄望的庄严感，修心明德、格物致知的使命感，修身、齐家、治国、平天下的责任感。

在这里，驻足于智慧门下，远眺顺峰山山巅亭亭的塔影，桂畔湖上粼粼的波光，"山气日夕佳，飞鸟相与还。"身后是昂首矗立的楼群，生机勃发的绿树，黄色风铃绚烂花开，红色锦鲤凌空跃起。249亩的校园山水相映，1800米的绿道肆意铺展，10000平方米的一中湖一脉荷香，20万册藏书的图书馆荡涤心灵。在这里，静可以沉潜蓄势，动足以挥洒青春。

大学之道，在明明德；教育之道，力济家邦。"为学生一生发展奠基"的办学理念，"学会做人、学会求知、学会办事、学会健身"的朴实校训，传承于菁菁校园，践行于代代良师，受益于莘莘学子。一中人以自己的价值观回应时代、呼应未来。"为天地立心，为生民立命，为往圣继绝学，为万世开太平。"

名校之名，在于名师。10余名正高级、特级教师和金牌教练，领衔奔跑；100名高级教师、骨干教师、各级名师成为教学中坚；8名清华大学、北京大学毕业生和名校博士生强势加盟。彬彬济济皆胜景，不拘一格降人才。

名师创造佳绩，佳绩成就名校。自2016年以来，顺德一中毕业生考入清华大学、北京大学等顶尖名校已成规模。2023年高考，超过半数的学生获600分以上高分；对比学生的"入口"和"出口"成绩，顺德一中的教育提升力和"增值"水平引领同侪。笃定理想，春风得意马蹄疾；收获喜悦，一日看尽长安花。

这里有奋斗者的铿锵步履。"互联·深度"的学习方式革命，将理想照进现实；凤山书院、九章书院、少年科学院，三院齐发；阅读、书写、运算、表达，四大关键能力，直指核心素养；一百场科技报告会、一百场人文报告会、一百场读书报告会、一百场达人报告会、一百场电影欣赏报告会，厚实少年根基，滋养蓬勃生命。

这里有卓越者的满天星辉。革命烈士胡自为，为寻求救国真理奉献生命；顺德乡贤罗定邦，在这里播种实业兴国的理想；青年学者梁俊睿，被美国斯坦福大学评为2022年度全球影响力前2%科学家；设计大师丁劭恒，获得建筑界的"奥斯卡奖"——美国ID建筑及室内设计奖；潜海勇士叶延英，深潜马里亚纳海沟10909米；青年才俊黄泽裔，带领中国团队摘取国际刑事法院模拟法庭竞赛最佳成绩；蓝天骄子梁峻豪，成为佛山首位获得清华大学和空军航空大学双学籍的学生……一中学子的身影，还活跃于北京冬奥会的颁奖台上、杭州亚运会的播音席上。这是一中人的初心和梦想，但凡有五星红旗飘扬的地方，就有一中青年蓬勃的力量。

这里有梦想者的玫瑰彩虹。顺德一中女排，是由一群少年女神组成的"神仙团队"。2018年组建至今，攻城拔寨，省赛12场，场场得冠军；剑指全国赛，挺进前八强；顺德一中教育集团欣欣向荣，7所成员校，涵盖小初高，近2万名师生会聚，全学段贯通培养，是实至名归的顺德教育航母。

在这里，一中学子访名校，与大哲对话，与名家论道，与顶尖高校携手，与科技企业交流。暑假研学，将论文写在祖国的山山水水；基层调研，将才华献给城乡的万户千家。大胆假设，小心求证，探究世界本有的模样，这正是名校存在的意义。

感谢110余年的如歌岁月温柔以待，顺德一中携丰厚的历史底蕴历久弥坚。感谢代代一中人的辛勤耕耘，顺德一中聚沙成塔，最终厚积雄发；感谢社会各界的鼎力支持，顺德一中乘势而上，昂首信步云程。百年一中，既有岁月可回首，亦有前程可奔赴。

校园开放，见证热情；有情岁月，无限感恩。既许顺一以偏爱，愿尽青春之慷慨。名校培养你，是为了让国家相信真理，让民族更有力量。燃灯百年凤山下，碧波荡漾一中湖；担当作为新时代，无限风光在险峰。

一中人：以"卓越"文化引领前路

党的二十大报告提出，深入开展社会主义核心价值观宣传教育，深化爱国主义、集体主义、社会主义教育，着力培养担当民族复兴大任的时代新人。

顺德一中坚守"为学生一生发展奠基"的办学理念，着力以"卓越"文化培育"卓越一中人"。

"为学生一生发展奠基"是顺德一中的学校文化底色。多年来，顺德一中紧紧围绕"奠基"这个关键词，把握"立德树人"的根本旨归，挖掘学校文化的深厚积淀，链接学校文化建设的多方资源，定位于现代学校治理的主题情境，尊重学生主体性和参与性，回归"五育并举，全面发展"的教育本真，形成具有自身特色的学校文化。

"崇尚一流，追求卓越"是顺德一中精神，"卓越"是顺德一中学校文化的价值取向。我们聚焦"卓越"的目标，致力于培育能够担当民族复兴大任的"卓越一中人"：他们有自信、遵道德、讲奉献、重实干、求进取，德智体美劳全面发展，综合素质卓越，将才华献给祖国，贡献造福人类。

在这一文化的滋养下，顺德一中培养了一届又一届的"卓越一中人"；"卓越一中人"也在各自的岗位和实践中，诠释顺德一中的"卓越"文化。

一中人的文化，是一种献身革命、爱国爱乡的文化。在顺德一中师生过往最频密的行知长廊辟有"卓越一中人"的事迹展览，近100位一中人的名字熠熠生辉。其中，革命烈士胡自为、实业家罗定邦等，他们有的为国捐躯，有的回馈桑梓，影响了一代又一代的一中人。近年来，一中优秀校友周伟健、苏耀江、欧阳庆球、欧阳尚贤等，反哺母校，捐款捐物，助力良多。他们对乡土的热爱和守望，对母校的感恩和眷恋，令人敬仰。

一中人的文化，是一种担当大任、潜心科研的文化。顺德一中2006届毕业生叶延英，担任中国载人深潜队的队长，深潜马里亚纳海沟10909米，为中国科考事业作出了巨大贡献；2000届毕业生梁俊睿，潜心科研，连克难关，被美国斯坦福大学评为2022年度科学影响力全球前2%科学家。一中才俊，携满身才华，醉心学术，潜心科研，把论文写在山山水水，用成果造福万户千家，可谓国之栋梁，他们是当之无愧的"卓越一中人"。

一中人的文化，也是一种不畏艰难、勇于挑战的文化。遥想一中办学初期，校舍因陋就简，师生奔波无常。数迁校址，数易校名，风雨沧桑，非坚韧不拔能弦歌长续，非攻坚克难能文脉绵长。又见顺德一中2013届毕业生陈钰丽和梁敏甜，她们结伴同行，历时34天，驾驶划艇横跨大西洋3000海里，壮举令人惊叹。一中人素来不惧艰难、勇于挑战，精神不老、浩气长存。

一中人的文化，还是一种奉献社会、热心公益的文化。2000届校友罗松辉，连续14年无偿献血6400毫升，远超一个正常成年人的总血量，并成为一名造血干细胞捐献者；2007年，顺德一中42岁的英语教师李仲炎在生命即将结束之际，向社会捐献了自己的眼角膜，临终遗言是"请用我角膜的人，常代我看看学生"。师生两人，两捐赠；感人至深，是人杰。2022年北京冬奥会，两张"一中面孔"惊艳亮相。顺德一中2020届毕业生欧阳子慧和2021届毕业生侯朗彦，作为北京冬奥会的志愿者，参与了冬奥会的组织、服务工作。他们在一线参与"国之大事"，一中师生则在校园分享他们的荣光，感受国家的力量。一中人的生命和灵魂，始终与国家、社会和他人连在一起，同频共振，惺惺相惜。

一中人的文化，归根结底是一种崇尚一流、追求卓越的文化。在资讯发达的今天，我们要寻访"卓越一中人"的故事，并不太难；而要统计"卓越一中人"的准确数量，也许并不容易。仅近8年来，我们就有数十位同学考入清华大学、北京大学等顶尖学府；2016届学生梁颖，更是勇夺当年高考全省文科第一名；在数学、物理、化学、生物学、信息学等学科竞赛中，拔尖创新人才如同雨后春笋。而有关优秀校友的喜讯也是纷至沓来……"卓越一中人"留给母校的是骄傲,是榜样,也是"崇尚一流,追求卓越"一中精神生生不息的传承。

春华秋实,桃李芬芳。顺德一中建校112年,英才辈出,群星璀璨;从"奠基"出发,向"卓越"迈进;让卓越的思想陶冶青春的性灵,让卓越的灵魂影响青年的志趣;"让一朵云推动另一朵云,让一棵树摇动另一棵树"。

一中人,以"卓越"文化引领前路。路在前,行更远。

第二章
踏雪无痕

忆一百年壮史　颂百十载弦歌

——写在顺德一中2021年秋季开学之际

又是一年的9月1日，又是一年的开学季。

过去每一年的9月1日，我给师生带来的都是新学期开学演讲。但今天不一样，今天，在鲜红的国旗下，我为师生带来的，不仅仅是开学典礼的致辞，更是为全体师生开讲的"开学第一课"。因为，今年这一年，不一样！

今年是我们伟大的中国共产党成立一百周年。这一年，我们深入开展党史学习教育，知党史，颂党恩，开新局，谋新篇。

今年是教育改革深入推进之年。这一年，从全国层面到全区层面，教育新政频繁发力，教育改革深入推进，教育迈进新征程。

今年是我们顺德一中建校110周年。这一年，我们将团结所有一中人同庆，延续世纪文脉，再启百年风华。

今年是我们顺德一中高考丰收大捷之年。这一年，我校7人进入全省总分前100名，6人达清华大学、北京大学录取标准，高优率达93%，多项重要指标位居佛山市前两位，一中人扬眉吐气，学生家长欢欣鼓舞。

新学期，新征程，弘壮志，树新风。站在"两个一百年"奋斗目标的历史交汇点，我将和大家一起，忆一百年壮史，颂百十载弦歌，从党史中学习信仰和信念，从校史中汲取智慧和力量。

一、学习百年党史，凝聚磅礴力量

党的百年，风华正茂。

为什么中国共产党能够永葆青春，斗志昂扬？这是因为我们的党有着极其坚定的信仰——不忘初心、牢记使命，始终坚持以人民为中心，为中国人民谋幸福，为中华民族谋复兴。正是这坚定的信仰，成为激励一代代中国共产党人前赴后继、英勇奋斗的根本动力。

对马克思主义的信仰，对社会主义和共产主义的信念，是共产党人经受任何考验的精神支柱。

"欲知大道，必先为史。后之视今，犹今之视昔。"让我们一起，学党史，明深意；悟思想，振精神；开新局，谋新篇。认真学好党史，坚定理想信念，洗涤心灵之尘，汲取奋进力量，立足实际、守正创新。

以史鉴今，资政育人。在学习党史之余，一中校史同样是我们前进的"教科书"，能帮助我们汲取智慧和力量，校正人生航向，练就新本领，担当新使命。

二、赓续百年文脉，建设岭南名校

12月18日是我们顺德一中的校庆日。年年此日，举校同庆，以此弘扬一中精神，延续一中情感。今年12月18日，我们顺德一中将迎来建校110周年庆典。届时，顺德一中、顺德一中外国语学校、顺德一中西南学校三校同庆，共享百年一中荣光。而今天，距离校庆日还有108天。

长期以来，在顺德这片热土上历百十年风雨砥砺前行的顺德一中，留下了许多可歌可泣的教育故事和成长素材，以及一代又一代一中人薪火相传的弦歌。

曾任顺德一中团支书的邓公蕙烈士、顺德一中共青团员曾杰芝、胡自维烈士，面对敌人的严刑拷打毫不屈服，最终壮烈牺牲；1934年毕业于顺德一中的罗定邦，热心社会公益、支持家乡教育事业发展，捐资建成罗定邦中学，并设立罗定邦助学金帮助北大学生顺利完成学业；1935年毕业于顺德一中的陈冠卿，躬耕粤剧艺术达半个多世纪，被广东省人民政府授予"粤剧艺术突出成就奖"；还有那在自己岗位上兢兢业业、做出重大成就的1937届校友冯报本、1949届校友龙永枢、1970届校友陈用志、1981届校友龙仲滔等人，都矢志为国，卓有所成。

全国教育系统劳动模范、顺德一中退休校长潘甲孚先生曾说："只有首先学会做人，才有可能成为现代化建设的合格人才。"因此，在1984年的今天，他正式提出了顺德一中的校训，把"学会做人"放在第一位，告诫全体一中人要珍惜自己的青春年华，要有为中华崛起献身的抱负，做社会主义事业的接班人。

不仅如此，潘甲孚校长还在1991年，勇开先河地提出了"学会做人、学会求知、学会办事、学会健身"的校训，这一具有教育前瞻性的理念横空出世，比联合国教科文组织提出的未来教育"四大支柱"概念，足足早了两年。

这就是顺德一中。它在家国命运中傲然处世，在桑梓情深中培才育德，在教育园地里芬芳吐艳，又在岁月洗礼中历久弥新。

三、矢志立德树人，铸就卓越本色

今天，回望顺德一中110年文脉源流，每一位一中学子都要扪心自问：作为卓越一中人，我们肩头应承担什么样的历史责任？答案是明确而响亮的。

我们要有家国情怀、世界眼光，承担起中华复兴的责任。透过百年党史，我们能深刻认识到，只有共产党才能救中国，只有共产党才能发展中国，只有共产党才能实现中华民族伟大复兴。新时代的一中学子，要以党的方针政策为指引，以广阔心胸关心国家命运，辨析世界趋势，为中华民族伟大复兴树立远大理想和人生信念。

我们要有顺德精神、一中品格，承担起人文乡土的责任。我们生活在顺德这片改革开放的热土上，敢为天下先，是顺德发展的内在逻辑；我们求学于顺德基础教育的知名学府，"崇尚一流，追求卓越"是一中独特的精神气质。顺德因一中而人文厚重，一中因顺德而日益繁荣。顺德一中110年办学征程，一中学子始终与顺德发展同频共振，顺德精神始终与一中品格相得益彰。多少一中校友，受脚下这片沃土的养育和恩泽，从这里出发走向全球；又有多少一中校友，将满腔热爱和才学，回报给了家乡这片美丽富饶的土地。顺德人文有一中，一片乡土一片情。

我们要有卓越定位、精英追求，承担起自我超越的责任。110年岁月洗礼，一代代顺德人奋发砥砺，铸就了顺德一中这所佛山顶尖的"卓越高中"。作为一中学子，从迈入一中大门的那一刻开始，我们就要有强烈而明晰的心理暗示：我是卓越高中的精英学生，我生来就是人杰，而非草芥；我必须登上峰顶，俯视眼底的沟壑；能力有多强，责任就有多大，我为达成顺德人的满腔期望而来，为"211""985"名校而来，甚至为清华大学、北京大学而来，菁菁校园作证，我将在这里兑现我青春的诺言！

我们要有母校情感、一中使命，承担起学校兴旺的责任。顺德一中办学110周年，桃李芬芳，人才辈出；尤其是近年来，高考成绩连创辉煌，办学质量稳步提升，闻名遐迩，深孚众望。同时，我们也要清醒地看到，与佛山三大卓越高中的竞争压力犹在，顺德人民对更高质量教育的需求居高不下，对标省内顶尖名校，我们还有一定距离。百年一中需要再创辉煌，正等待着每一位一中人闻鸡起舞，昼夜兼程，开创佳绩，缔造奇迹。

今天是开学第一天，就在前天，区委、区政府高规格举行了"身边的榜样"党史学习教育专题宣讲活动。我们顺德一中退休名师罗学涟老师应邀面向全区教育系统分享她的教育故事，她登台演讲的主题就是"我是顺德一中人"。罗老师是一中校友，大学毕业后，又回到一中任教，她以一中为家，以一中为荣，一辈子与一中结缘，培养英才众多，甚至不乏省状元。她在演讲中谈道："我思考最多的问题是，怎样做一名无愧于顺德一中的教师。无论我走到哪里，我都想把顺德一中'崇尚一流，追求卓越'的精神带到哪里，我都以顺德一中人的价值追求要求自己。一代代顺德一中人，就是这样将自己的精神血脉融入顺德一中，这才是我们顺德一中战无不胜、攻无不克的力量之源。"

亲爱的孩子们，希望你们翻开一页页的历史画卷，从强大的红色基因和一中校史中汲取力量和智慧，望你们"青"心向党，坚定理想信念；"青"力以赴，厚植爱国情怀；"青"学苦练，凝聚奋进伟力。

让我们共勉一中人共有的价值追求：我在，一中更精彩！

奋进的一中更精彩

——顺德区第一中学2022年新年献词

阳光灿烂，大地流金。顺峰山上，草木枯黄泛新绿；桂畔湖边，浪涛淘尽又激起。

伴随着新年钟声的敲响，走过110年书香芳华的顺德一中，迎来了全新的2022年。

2021，是吐故纳新的一年，也是近悦远来的一年。顺德一中校园环境焕发新姿——在区委、区政府和社会贤达及广大校友的大力支持下，图书馆、校友楼、生态园焕然升级，环校绿道亮丽铺展，新教学楼和艺术楼、十余个三人篮球场即将跃然呈现。顺德一中教育集团阔步向前——年初，区委、区政府高规格举办顺德一中教育集团化办学提升发展项目发布活动；年中，顺德一中教育集团喜迎新成员；年末，顺德一中教育集团获评省优质教育集团，纳入公示程序；顺德一中师资建设大获突破——正高级教师、特级教师人数增至7人，省名校长、名班主任、名师工作室达到3个，引进博士研究生、清华大学毕业生、世界名校毕业生等。

2021年是初心如磐的一年，也是繁花似锦的一年。一中人始终坚守"为学生一生发展奠基"的办学理念，"学会做人、学会求知、学会办事、学会健身"的校训，"崇尚一流，追求卓越"的一中精神，矢志耕耘，上下求索，不负韶华，不辱使命。2021年高考，6人达到清华大学、北京大学录取分数线，6人进入全省总分前50名，9人进入全省总分前100名；荣获顺德区普通高中教学成果突出贡献奖、顺德区办学绩效评估全区第一名、省中小学校本研修示范学校、省排球锦标赛冠军、省棒垒球锦标赛亚军、省艺术展演第二名；周祥奉老师获评省"特级教师"；姜勇军老师获评"南粤优秀教师"，陈生聪老师获评区"特殊贡献教师"，何颖瑜、王瑶、甘成质3位老师参加省教学能力大赛，悉数进入五强，总成绩居全市之冠！

2021年是承续文脉的一年，也是宣示未来的一年。年末，建校110周年庆典如约而至，简约高效、庄重热烈。庆典见证了顺德一中110年的风雨沧桑和光荣梦想，110年的奋发图强和桃李芬芳。"承百十载岭南文脉，铸一中人卓越本色。"我们以优异的成绩，担当了岭南文脉的薪火传承；我们也以昂扬的斗志和奋进的姿态，踏上了下一个百年征程的全新起点。

涛飞江上，扬帆远航。历史长河的澎湃大潮，推动着我们前进的脚步！

风雷激荡，气卷万山。光辉未来的灿烂朝霞，召唤着我们前行的脚步！

奋进是一中人的姿态，精彩是一中人的底色。

奋进2022年，我们有志不改、道不变的坚定。乘顺德教育"四好"工程的浩荡东风，百年名校为党育人、为国育才；党旗见证我们不变的初心，红色铺就我们永恒的信仰，建设区域龙头、领跑湾区、立标全省的卓越高中是我们不变的追求。

奋进2022年，我们有勇担当、勤作为的干劲。强师铸魂，立品求真。打造一流名师团队，扩大尖优生规模，巩固卓越高中成果，升华教育集团品质，是我们一中人奋进的节奏、铿锵的步伐。

奋进2022年，我们有求创新、敢超越的魄力。顺德一中，素来善领风气之先：创办教育集团，实施"互联·深度"教学改革，建设少年科学院，聚焦创新拔尖人才培养，引进清华大学、北京大学博士教师……未来的顺德一中，将争当改革者、创造者、领跑者，用奋进的力量，变"不可能"为"可能"，用奋进的力量，将梦想变成现实。

苟日新，日日新。卓越为念，笃定向前。

2022年，未来已来。这是一段充满希望的新征程，我们热情拥抱，仰望星空畅想，脚踏实地耕耘。

2022年，风帆已张。这是一段充满挑战的新征程，我们蓄势待发，昂首团结奋进，实干续写荣光。

我在，一中更精彩；奋进，一中更精彩！让我们沐浴着2022年第一缕朝阳，蓬勃出发！

祝一中新年顺景，桃李争荣！

祝一中人新年进步，龙骧虎步！

祝关注一中、支持一中、鼓励一中的每一个人新年快乐、平安顺遂！

虎步开胜景 一起向未来

——写在顺德一中2021学年第二学期开学典礼之际

虎步奔腾开胜景，春风浩荡起宏图。新的一年，我们重聚顺德一中，开启新学期奋斗的新篇章。日月其迈，岁律更新；人心豪迈，航程在前。

这个寒假，非比寻常。高三师生和部分参加冬令营的师生，离校最晚，回校最早，不惧严寒，晨昏不辍，构建了一中最美的风景；部分领导、老师牺牲休息时间进行学生家访和教师慰问工作，细致了解同学的家庭教育环境，对困难教职工的生活、身体状况予以关心，送去温暖。还有更多的师生利用寒假回校加班，为新学期开学做好各种准备，兢兢业业，不辞劳苦。他们用实际行动诠释了"最美一中人"的生命内涵，让我们用掌声对他们致以诚挚的敬意和衷心的感谢！

2022年是农历壬寅虎年。新春伊始，北京冬奥会和冬残奥会的圣火熊熊燃烧，中华文化之美惊艳世界，奥运健儿实现多项突破为国争光；中国女足在亚洲杯决赛中逆转击败韩国女足，时隔16年再次夺冠……在中国传统文化中，虎是百兽之王，是力量、勇敢、无畏的象征。我们要以虎虎生威的雄风、生龙活虎的干劲、气吞万里的精神，继续书写新时代中国特色社会主义伟大事业新篇章！

新的学期，我们面临着鼓舞人心的发展机遇。区委、区政府积极推进好生态、好学校、好校长、好教师"四好"工程行动计划，从生源供给到师资保障，从课程设置到全面发展，全面振兴；110周年校庆的成功举办，增强了学校的知名度和美誉度，政府重视、家长满意、人民认可，师生齐心，为学校发展奠定基础;我们将迎来学校新教学楼、新体艺楼的建设,学校扩大办学规模提上日程。

新的学期,我们要实施以人为本的办学举措。我们将在"为学生一生发展奠基"的办学理念指引下,致力于激发每个孩子的生命活力,促进学生的快乐健康成长。我们将在大力提升课堂效率和教学效益的同时,设立每学科每周一节自习课,给学生更多消化吸收的时间;科学合理安排大课间活动内容,设置第九节课为专门的运动锻炼课,开展丰富多彩的文体比赛活动,鼓励同学们加强户外锻炼,为学习提供更优良的身体素质保障;我们将成立凤山书院、九章书院等,为同学们引入更丰富的素质拓展课程,为同学们的身心健康和多元成长创设条件。

新的学期,我们还要迎接严峻客观的各种挑战。对此,我们必须有充分的思想准备,既要有必胜的自信心,又要有必要的危机感。我希望孩子们:

一是思想上居高望远。以做一名"崇尚一流,追求卓越"的一中人为自我定位,以精英少年的社会责任为自我期许,永葆家国情怀,主动担当作为,自律奋发有为,勤奋追求卓越,为实现自我发展的青春梦想和中华民族伟大复兴的中国梦付出自己更大的努力!

二是学习上行稳致远。以成长进步、增长能力为目标,抓住课堂学习环节,向40分钟要效益;主动思考,加强训练,深度学习;提高阅读、书写、运算、表达四大基本能力,提升学习成绩。

三是生活上朝气蓬勃。以感恩和善意面对生活,保持对世界的好奇,对生活的热爱,对美好的追求,对未来的憧憬,以饱满的热情和青春的面貌去锻炼身体、结交朋友,去立德修身、拥抱现实。

春光正好,只争朝夕。今天,距离2022年高考仅有113天,距离本学期结束还有146天。"早"字当头,"严"字为本,应是我们此时此刻的共识。

一中人,加油!更高、更快、更强、更团结,一起向未来!

筑梦一中，同赴新程

——顺德一中2022学年第一学期新学期寄语

"离离暑云散，袅袅凉风起。"风景如画的一中湖畔，又是一年新学期。我作为学校党委书记和校长，有多少教育感悟、肺腑之言源于心中，流于笔尖。

第一句话是"少年心系家国"。顺德一中素有爱国传统。革命烈士胡自为，为共产主义理想献身；实业家罗定邦，为家乡建设慷慨解囊；潜海勇士叶延英，为科学考察深潜马里亚纳海沟10909米。当前，世界百年未有之大变局加速演进。身为一中学子，应心系天下，思考如何作为。这个暑假，长江流域遭遇高温、干旱、停电，一中学子应尝试借助专业论文，提出解决方案；神舟十四号载人飞船远赴太空"种菜"，针对"微重力""流体物理""相变传热"等物理概念，一中学子应主动学习了解相关专业知识，对星辰大海永怀向往之心。作为一中学子，我们的心要装着国家和民族，装着这个纷繁复杂的世界；"为天地立心，为生民立命，为往圣继绝学，为万世开太平。"

第二句话是"君子通理明德"。《资治通鉴》说，德胜才，谓之君子；才胜德，谓之小人。一中学子，自是才华超群；但若不重德行，难免误入歧途。我们的校训是"学会做人、学会求知、学会办事、学会健身"，其中"学会做人"位列第一。做一个人格健全的学生远比做一个只会读书的"学霸"更重要。

第三句话是"青春志如鸿鹄"。山高流水长，志大精神旺。顺德一中是一个立大志的地方。近年来，我们的学生获得过全省文科第一名、全市理科第一名；有近20名同学考入清华大学、北京大学；我们的高考成绩连续两年超越了竞争伙伴，位列全市前列；我们的新生录取分数线，也逼平了竞争伙伴。在这个暑假的7月27日，佛山市高考总结分析会在我校召开，彰显了上级领导对我校高考成绩的充分肯定。今天的顺德一中，完全可以承载学子们所有野心和全部梦想！"崇尚一流，追求卓越。"在一中，同学们不仅笑傲高考，更将全面发展；不仅收获健康成长的阳光雨露，更畅享激扬生命的凌云壮志！

第四句话是"志士笃行致远"。顺德一中恪守"知行合一，体验内生"的育人理念。据我观察，同学们刚刚入学时，往往能雄心勃勃，但时间一长，同学间的差别与日俱增。其原因就在于有的同学的梦想只停留于口头，而没有落实于行动。人生最痛的领悟在于，"那些当初和你一起出发的人，不仅基础比你好、智商比你高，竟然还比你更努力"。对此，我愿分享三个锦囊：一是"知行合一"，说到做到，实干到底；二是"勤能补拙"，笨鸟先飞，聚沙成塔；三是"提前规划"，充分准备，厚积薄发。做到这三点，相信同学们一定能活出自己想要的模样。

从1911年建校至今，顺德一中已届111年。我们依托百年老校的底蕴传承，努力践行"为学生一生发展奠基"的办学理念，到如今学校已发展成为顺德人民信赖和向往的"最高学府"——美丽的校园、先进的理念、强大的师资、醇厚的文化、丰富的课程、优异的业绩，一切都是最好的安排。这是我们的自信之源，也是我们的底气所在。

一中的荣耀属于既往，舒适地躺平将被淘汰，清醒地战斗才有未来。我们不以门第论高低，只以奋斗决胜负。我们欣逢盛世，就要珍惜当下；我们未来可期，更要立志有为。

我衷心地希望孩子们成为一个胸怀天下的"局内人"，一个德才兼备的"贤达人"，一个志存高远的"登高人"，一个务实笃行的"干饭人"，一个追求卓越的"一中人"。愿我们满眼皆星光，携手赴新程！

心之所向，无畏向前

—— 佛山市顺德区第一中学2023年新年献词

2022年底，最强寒潮，呼啸而来；2023年初，无限春意，盎然新生。

历史的车轮滚滚向前，虽程途险远，但绝不回头；奋进的旋律激越回荡，虽风雨考验，但绝不停留。

2022年，顺德一中与伟大的祖国同频共振，与顺德教育血脉相通。佛山市普通高中特色多样高质量发展的"双高"行动扬帆起航，区委、区政府提出的关于顺德教育发展的"四好"工程深入推进，顺德区教育事业"十四五"发展规划引领未来。顺德一中因时而动，因时而变，日夜兼程，只争朝夕。

"春风得意马蹄疾，一日看尽长安花。"这是见证初心的一年，也是续写荣光的一年；这是埋首耕耘的一年，也是书写卓越的一年。

我们牢记使命，担当作为，承续岭南文脉，建设龙头标杆。2022年，顺德一中教育集团入选广东省首批基础教育集团培养对象，顺德一中在区属公办学校绩效考核中再度获评第一名，并获顺德区先进学校、顺德区优秀学子培养团队、顺德区2022年高中教学质量优秀奖、顺德区中小学办学质量考核A等次等多项荣誉，并被北京师范大学等著名高校授予"优质生源基地"称号，喜获各项荣誉大满贯。

我们为党育人、为国育才，潜心立德树人，矢志追求卓越。2022届高考成绩高位稳定，九成以上学子圆梦名校；2022年7月，佛山市高考总结分析研讨会在我校举行，顺德一中优异的高考成绩普获各界盛赞。2022年，我校学子获国家级奖项115项、省级奖项327项；艺术团、女子排球队、女子垒球队出征夺冠。

我们不忘初心，接续奋斗，深耕三尺讲台，铸就名师风采。2022年，一中教师获得教学科研类国家级奖项22项、省级奖项86项。罗士祷老师被评为正高级教师，谢扬科老师被认定为"佛山市文化英才"，赖良才、江蕊、郭婷老师分别被评为佛山市教育系统先进教育工作者、优秀教师和优秀班主任，李智老师获顺德区2022年度"我最喜爱的老师"称号。25个名师工作室继续领跑佛山教育。青年教师王瑶等7人被评为佛山市中小学学科优秀青年教师，罗筠怡、彭正英、吴浪思、卢碧妍4人获佛山市中小学教学能力大赛一等奖，顺利进军省赛。张耀雄、李莎莎等8人获"佛山市教学能手"称号。教师获奖人数、获奖质量居全市前茅。

我们敢于创新，勇于突破，特色内涵发展，成就名校风华。2022年，我们进一步探索"现代书院制"育人模式，少年科学院、凤山书院、九章书院并驾齐驱；通过全国奥赛集训、与华南理工大学机器人创新基地合作等形式完善拔尖创新人才培养模式；顺德一中家庭教育研究中心揭牌，家校共育平台发布，备受关注。

这一年，我们一中人踔厉奋发，笃行不怠，在建设"立标省内、领跑湾区的高品质岭南名校"的征途中阔步前进；一中人的集体智慧、团结奋斗、坚定勇毅和优化革新，汇聚成了顺德一中磅礴向前、腾飞向上的精神力量。

携此力量，我们将大力推进拔尖创新人才培养。党的二十大报告提出："坚持为党育人、为国育才，全面提高人才自主培养质量，着力造就拔尖创新人才，聚天下英才而用之。"拔尖创新人才的培养，是国家发展的大计，也是一中立校的根本。我们将大力推进五大学科竞赛培优工程、数学核心课程建设计划，优化高考备考方案，探索多元成才培养机制等，推动教育教学质量迈上新台阶。

携此力量，我们将加速布局更高水平人才战略。2022年，学校在已引进多名清华大学、北京大学等名校毕业生的基础上，于年底再次引进至少3名清华大学、北京大学毕业生和2名博士研究生，继续引进高水平学科竞赛教练和各类高层次人才，"让优秀的人培养更优秀的人"，让更多更高端的教师资源惠及一中学子。

携此力量，我们将不断推进更深层次综合革新。我们将积极推进学校提质扩容，美化校园环境；将深研顺德文脉，讲好一中故事；将聚合集团力量，促进学段贯通；将强化示范引领，建功教育帮扶。

2023年，心之所向，无畏向前。党和国家为我们廓清前路、引领航向，为我们创造和平、缔造安定；我们将无畏险阻，勇毅向前，昂扬斗志，整装出发！

经历2022年的我们，穿行在历史的经纬中，奔流在时间的山川里，我们终会迎着光，荡起桨，坚定目标和方向。

迈向2023年的我们，走过静默伫立的"智慧之门"，昂首仰望迎面而来的孔圣塑像和书香之城，我们依然涌动着一中人的初心和热血——崇尚一流，追求卓越。

2022年12月28日12时，佛山地铁3号线首通段正式开通运营，"顺德一中站"跃然登场，一中进入"地铁时代"。搭乘这趟开往春天的地铁，顺德一中正朝着更加美好的明天迈进！

闻鸡起舞臻至善　只争朝夕向未来

——写在顺德一中2022学年第二学期开学之初

今天是2023年2月6日，农历癸卯年正月十六。新的一年，六六大顺。我们带着新的心情，迎来新的学期，开启新的篇章。

回望2022年，我们百感交集，刻骨铭心。我们共同经历了百年变局与风云变幻；见证了角逐冬奥赛道、漫步太空轨道、踏浪现代化航道的激动人心的瞬间。我们与伟大祖国同频共振，与顺德教育血脉相通，在相互砥砺中毅然前行，在相互激励中奔赴未来。

回望2022年，我们硕果累累，枝繁叶茂。在这个寒假，我们高二（18）班罗嘉悦同学，以雄健有力、文采张扬的笔墨，为顺德一中充实精彩的虎年征程作结。正如她所描述的："立德树人，因材施教，扬先贤之嘉质；朝乾夕惕，钻坚仰高，筑南粤之根基。踔厉奋发，抱凌云之志书华章；笃行不怠，以磅礴之声颂雄曲。"

刚刚过去的寒假，一中身影点亮寒冬。高三师生同心共济担风雨，火热激情搏寒冬，绘就了一中假期最美的风景；冬令营、竞赛班、清北班师生校园同春色，苦读正当时；家访、慰问、值班，加班的领导、老师，用心、用情、用力汇聚了同学们前行的明亮灯光，诠释了"最美一中人"的丰厚内涵。让我们用最热烈的掌声对他们致以诚挚的敬意和衷心的感谢！

刚刚过去的寒假，一中喜悦肇启未来。高三年级参加顺德一模考试，高优上线率达到95%，勇创新高；高一、高二年级参加全市统考，不少学科的成绩排位稳居全市同类学校第二名，总体排位稳健上升。

新的学期，我们初心如一，仰望星空。党的二十大，为我们擘画了以中国式现代化全面推进民族复兴的宏伟蓝图；佛山市提出打造"五好"教育新形态；顺德区委、区政府积极推进好生态、好学校、好校长、好教师"四好"工程行动计划；我们一中正在矢志不渝建设"立标省内、领跑湾区的高品质岭南名校"。

新的学期，我们脚踏实地，笃行不怠。本学期，学校工作的主题是"质量为本力臻至善，闻鸡起舞只争朝夕"。我们倡导全校师生，"早"字为先，与时间赛跑；"严"字为要，严以贯之才能善作善成；"效"字为求，以"一中"之名夺"第一"之实。我们将在新的学期聚焦质量，潜心教学，用更优异的成绩，诠释一中的责任担当，用最朴实的作为，"为学生一生发展奠基"。

前方灿烂芳华，挑战如影随形。高一年级面临分班后适应新班级的挑战，高二年级要进一步挖掘教育质量提升的增值空间，高三年级更需沉潜蓄势，剑指高考，笑到最后。对此，我们必须有充分的思想准备，既要有必胜的自信心，又要有必要的危机感。

在此，我希望我的孩子们：

一是明确目标，坚守信念，做勇敢、有担当的"筑梦一中人"。每一位一中学子要以名校精英为道义自勉，以国家栋梁为未来期许，主动担当作为，自律奋发有为，为实现自我发展的青春梦想和中华民族伟大复兴的中国梦付出自己更大的努力！

二是闻鸡起舞，只争朝夕，做与时间赛跑的"奔跑一中人"。昨日不可追，来日犹可为。时间是最伟大、最忠实的记录者，它会把一中人奔跑的足音纳入大时代的变奏曲，激励我们踔厉奋发、勇毅前行。

三是付出真情，传递善意，做珍惜人间烟火的"本真一中人"。每一位一中学子，要穿透时间和际遇的迷雾，心怀本真，珍惜当下，为自己张扬生命，为他人发光发热，"学会做人，学会学习，学会办事，学会健身"。

燕子来时春山可望，烟波雾处气象顿开。一个美好的春天已经开始，我们已然健健康康，接着应是大有作为。

　　同学们，高中学习时间非常短暂，大道至简、实干为要，求学没有捷径，唯有务实；天道无情，时节如流，唯有只争朝夕、闻鸡起舞。为党育人，为国育才，百年一中的教育梦想需要所有一中人去努力实现。在顺德一中爬坡向上、再创辉煌的关键时期，我们有幸肩负重任，理应当仁不让，务必继往开来，不断守正创新。

　　在这个崭新的春天，祝愿我们一中人心怀猛虎，动如脱兔，共同开创顺德一中更加美好的未来！祝愿今年6月，我们梦想成真！

我们都是卓越一中人

——写在顺德一中2023学年第一学期开学之际

"未觉池塘春草梦，阶前梧叶已秋声。"暑气消退，清风渐起，新的学期悄然来临。

一中是一幅太美的画，即使暑假也不例外。这个暑假，我们有近三分之二的同学回到学校，坚持学习，安之若素；校园建设、修缮工作如期推进；部分同学远赴德国交流、奔向襄阳取经；女排从省赛赛场第十一次传来冠军捷报。

一中是一幅太美的画，画中有你也有我。回望上一学年，我们携高考超高高分率、特控率和教育提升力创下辉煌，刷新历史；梁峻豪同学被清华大学和空军航空大学双学籍录取，肇启佛山；由4名清华大学、北京大学毕业生和2名博士生领衔的共18名优秀青年教师加盟一中，一中羽翼更丰；东泰楼顺利开工建设，扩容提质；青年教师参加教学能力竞赛，勇夺第一。

就在4天前，佛山市召开2023年高考总结复盘会议。会上，在全市近60所普通高中中，顺德一中等19所高中受到表彰。综合比较招生"入口"和高考"出口"成绩，顺德一中的教育提升力名列全市第二名！在市教育局的颁奖词中这样写道："这所学校，为学生的一生发展奠基；这所学校，让学生从优秀走向卓越。卓越顺一，卓尔不凡！"

是的，卓越顺一，卓尔不凡。"卓越"是顺德一中的形象标签，做"卓越一中人"是我们共同的价值追求。

卓越一中人，卓越在于识见。我们当前正面临世界百年未有之大变局，全面建设社会主义现代化国家，全面推进中华民族伟大复兴，为党育人，为国育才，成为学校教育的中心旨归。当下的世界正在按照其固有的逻辑演进，如何在纷繁芜杂的表象之下探究本质，如何从万物勾连的复杂体系中抽丝剥茧？坚守本心，才不失根本；登高望远，才灼见未来。顺德一中秉承"四个学会"的校训和"为学生一生发展奠基"的办学理念，指引我们构建知识，拓宽视野；应对未来、启迪新知的"互联·深度"教学改革，纵深拓展学习维度；凤山书院、九章书院、少年科学院，三院并举，深挖学科潜能；"阅读、书写、运算、表达"四项基本能力，持久赋能生命；"一百场科技报告会、人文报告会、读书报告会、电影欣赏报告会、达人报告会"，探究大千世界，投射无限精彩。在一中，我们不是信息孤岛、学海孤舟，我们携先进理念远眺未来，树科学精神洞悉世界，育人文素养滋润心灵。

卓越一中人，卓越在于担当。一中学子，自有一中担当。为自己担当，规划人生的航向；为家庭担当，承载家人梦想；为社会担当，施与爱和进步的力量；为祖国担当，争做中华民族栋梁；为人类担当，向世界贡献哪怕是最微弱的光芒。一中办学，只问耕耘，不问收获；但求卓越，不计求索。我们坚守一条共同的信念：一中之所以为一中，行事一流谓之第一，成就卓越谓之第一；一中须永葆为一中，用心用情须是第一，用智用力须是第一。我们坚信一个必然的结果：以勇夺第一的心力建设一中，我们必夺第一！

卓越一中人，卓越在于笃行。本学期的工作主题是深化教学管理，深耕课堂教学，强化班级建设，积极守正创新。我们立足"党组织领导的校长负责制"，开展行政管理革新，打造更加务实精进的管理团队；我们对标"双高"行动计划，引入顶尖高校资源，实现高位引领；我们矢志建设"班级生命共同体"，强化纪律教育、规范教育，让卓越教师与优秀学生、优良学风与优异成绩比翼齐飞；我们坚持目标导向、问题导向，深耕课堂，全面优化，向40分钟要效益；我们继续推进名师工程，拓展教师荣誉体系，实施有效人文关怀，让教师共享职业荣光。

对标"卓越"，我们的工作存在差距，我们的总体工作标准还有待提高，部分师生的"卓越意识"还有些欠缺；追求"卓越"，挑战也如影随形，人民对更高质量教育的期待与日俱增，教育教学过程中遇到的新情况和新问题层出不穷。

由此，我们高擎"卓越"的旗帜，必当再扬奋进的风帆。

鲁迅先生曾说过："我们自古以来，就有埋头苦干的人，有拼命硬干的人，有为民请命的人，有舍身求法的人，这就是中国的脊梁。"我们也乐见今天的顺德一中，有爱生如子的人，有教业精专的人，有诲人不倦的人，有求知若渴的人，这何尝不是"卓越"的源泉，一中的脊梁？

今年是顺德一中建校112周年。上千年岭南文脉，五百年顺德传承，一百年一中薪火，足以赋生命以厚重，予师生以启迪。借此初秋，序幕初张，守志笃行，守正创新。时代用"第一"给我们出卷，我们用"卓越"向时代作答！

百年风华正茂　万里云程可期

——顺德区第一中学2024年新年献词

律回春渐，新元肇启，惜别2023年，迎接2024年。

时间如水，一路向前；百年一中，风华正茂。我们驻足于岁末年初的节点，伫立在静默庄严的智慧门前，回顾铿锵来路，展望灿烂星河。

2023年，是顺德一中建校112周年。年年校庆日，正是情浓时。

今年校庆，特别让我们新生感动的，是年届九旬的潘甲孚老校长以及为一中发展作出卓越贡献的卢柏祥、刘伯权、王绍业、谢又新等历任校长回到一中，共襄盛典。

一中新生代炫动舞台的灯光，映照着老校长们平和慈祥的面容，一幅和谐温馨的画面，定格在这个温暖的冬天。教业长春今更盛，一中精神代代传。

2023年是顺德一中波澜壮阔校史里的平凡一年，是前赴后继征途中的温情一年，更是奔赴山海航程中的精彩一年。

站在112周年的节点回望2023年，一中人守初心、担大任，用卓越品质问鼎高峰，用一流业绩书写华章。

这一年，我们的硕果遐迩飘香。2023年高考创下历史佳绩，高优率、高分率、增值率、名校率等多项指标领跑佛山，梁峻豪同学成为全市首个清华大学和空军航空大学双学籍飞行员；正高级教师人数达到9人，位列全市第一；8名清华大学、北京大学毕业生和名校博士生强势加盟，教师队伍如虎添翼；晋级佛山市"双高行动计划"数理类高水平学校和科技类特色学校，成功跃上新赛道；青年教师参加教学能力大赛，三分之二以上的学科获得顺德区第一名；东泰楼拔地而起，学校扩容提质不断加速；女排姑娘代表广东省出征全国学生（青年）运动会，成功挺进全国八强；男子足球队参与区运会绿茵角逐，以"学霸"之名勇夺足球桂冠。这一年，学校被评为全国中学生外语素养大赛优秀组织单位、广东省空军招飞工作先进单位，图书馆被评为广东省中小学"最美阅读空间"，学生领袖联合会被评为广东省优秀学生会，学校继续荣膺顺德区办学质量卓越奖、佛山市普通高中教学质量综合评价优秀奖，连续12年获评"顺德区先进学校"。罗筠怡、丁崇芳老师参加广东省青年教师教学能力大赛荣获一等奖和二等奖；李思文等8位老师荣获广东省高中地理教师命题大赛一等奖；吕秀贤、梁志浩等老师在粤港澳促进STEM教育大会中荣获一等奖。此外，我们还有上千名师生获区级以上荣誉。一中才俊彬彬济济，枝繁叶茂。

这一年，我们的教育深度扎根。我们以教育教学质量为核心，坚守"深化教学管理，深耕课堂教学，强化班级建设，积极守正创新"的工作主题，明确"以生为本，以学定教，聚集三新，深耕课堂"的改革路线，形成"教学规范月、教学研究月、教学效益月"的教学管理节奏；班级生命共同体建设渐入佳境，多频次、常态化、高效能的教研活动为教学质量的提升强势赋能。凤山书院、九章书院、少年科学院与时俱进，丰富内涵；"四大关键能力"课程，夯实学生阅读、书写、运算、表达的根基；"五个一百"报告会、真人图书馆，聚焦核心素养，培育时代新人；开设寻根顺德校本课程，聚焦顺德历史人文，千百年顺德文脉从历史照进现实；举办"同济周"系列活动，大学精神与一中气质交相辉映；举办模拟政协社展示活动，同学们的政治素养和综合素质惊艳四座。我们的同学，正昂扬站立于学校的最中央！

这一年，我们的教泽遍及四方。我们牵手贵州台江县民族中学和新疆伽师二中，将一中大爱洒在山区和边疆的山山水水；我们成功举办全国校长峰会和教育教学开放日活动，2000余名校长和嘉宾问道顺德，共话教育；我们对接帮扶10省20余县市的50多所高中，接待跟岗与上门送教，传递教育温度；我们赴德国、访名校，接待西欧各界友好人士，牵手港澳姊妹学校，友谊在文化的互鉴中升华；我们高标准承办佛山市师德报告会和佛山市学生科研课题展示活动，一流的会务组织和一中师生的出彩表现相得益彰。顺德一中教育集团深耕内涵，构建"小初高"一体化拔尖创新人才培养体系，顺德一中外国语学校、翁祐实验学校中考成绩辉煌，顺德一中西南学校中考"开门红"，本真未来学校因办学质量高受到人民热捧，京师励耘实验学校改制为公办学校、势头强劲，乐从第一实验学校的社会美誉度持续提升。2023年，学校社会关注度持续提升，近10篇专题报道登上"学习强国"学习平台，《人民日报》《中国教育报》《南方日报》等权威媒体同传一中声音。

在顺德一中，成绩与温度，互为表里；成长与感恩，共冶一炉。2023年，学校设立了教职工"亲子阅读吧""荣休教职工铭恩俱乐部"，细化构建一中人的精神家园。2023年高考，高三（13）班施一凡同学飙泪表白："我最宝贵的青春就留在顺德一中，我感谢我的学校。"79岁的退休教师罗学涟在返校分享时骄傲地说："我是在顺德一中读书、在顺德一中工作、在顺德一中退休的'三个一'的一中人。"清华大学的一中校友唐羿薰撰文写道："在顺德一中形成的内驱力弥足珍贵。"

不仅如此，2023年，来自社会各界的善意和爱意，亦是不绝于途。广东燕塘乳业股份有限公司、苏服和先生、龚雪春先生、黄梅容女士、卢沛峰先生、周伟全先生、潘志刚先生、王石安先生、苏耀江先生、陈达如先生、黄伟昌先生、罗维俭先生、朱允来先生以及1993届校友等，对学校慷慨捐输，襄助办学，不遗余力。

这一年，我们再一次用优异的办学成绩、丰富的教育内涵和丰硕的育人成果，生动诠释了"四个学会"的一中校训和"为学生一生发展奠基"的办学理念；再一次用生动的育人故事光大了一中精神，演绎了一中情怀。

我们确信，在顺德一中，一切成绩绝非偶然。112年的深厚积淀，一中人"崇尚一流，追求卓越"的价值理念，教师团队团结拼搏的行为自觉，全校师生攻坚克难的无畏勇气，都是我们步步为营的精神滋养和力量源泉。成绩属于辛勤的一中师生，光荣属于每一个一中人！

如今，我们又站在了一个全新的起点上。瞄准"立标省内，领跑湾区的高品质岭南名校"的目标追求,我们的目光所及关山重重,我们的脚下之路道阻且长。但是,我们深知,志不求易者成,事不避难者进。只有勇挑重担、勇克难关、勇斗风险才能担起时代的重任。

我们将对标"双高"保障办学质量。佛山市"双高行动计划"是我们在新平台上促进教育高质量发展的新机遇。我们将牢牢把握数理、科技教育的核心要义,以此为工作抓手,深化管理,深耕课堂,聚焦拔尖创新人才培养,在高起点上进一步提升办学质量。

我们将坚持不懈锤炼教师队伍。人才是第一资源。我们将进一步加大引才、培才、用才的工作力度,在高层次学科教师、高水平竞赛教练等高端师资的引进和培养上继续取得新突破,用三年至五年时间完成学校教师队伍的整体迭代升级。

我们将持之以恒丰富办学内涵。办具有家国情怀和国际视野的高水平一流高中,是我们的价值坚守。我们将在保障办学质量的前提下,鼓励我们的教育向下扎根,向上生长,向世界优秀文明看齐,向家国文化精粹发力,向人生终极意义探索。

顺德一中112年源远流长的办学历史告诉我们,教育之事,必有传承;精神矍铄的一中老前辈和朝气蓬勃的一中新生代又告诉我们,教育之事,贵在创新。知常明变者赢,守正创新者进。我们要保持锐意创新的勇气、敢为人先的锐气、蓬勃向上的朝气,砥砺"功成不必在我"的精神境界,坚定"功成必定有我"的历史担当,方能"不畏浮云遮望眼",最终"守得云开见月明"。

岁末年初,是盘点的时刻,也是深思的时刻。

何谓名校?它不仅仅是一个经典的校徽,也不仅仅是一座别致的校门。它是一条知识的新边界,是一份未知的大惊喜;是百年风华,是历久弥新;是教我"学会",是为我"奠基"。它容我往纵深处"潜",令我向高远处"飞"。

何谓大才?是不断打破规则又建立规则,是探寻真知并续写真知;是拉近了热爱和梦想间的距离,构筑起从自律到自由的途径;是引领,开创那些石破天惊的事；是追赶，成为那些担当大任的人。

2023年的顺德一中，是一场以百年文脉之名的名校与大才的相遇。世界是一所好学校，学校是一个大世界。一中学子，今日正居于大校舞台的中央；他日，必随他热爱的大国居于世界舞台的中央！

岁末年初，是盘整的时刻，也是奋进的时刻。

党的二十大报告指出：我们要以中国式现代化全面推进中华民族伟大复兴。我们一中人，要自觉站在党和国家战略全局的高度，为党育人，为国育才。112周年校庆，是节点，更是契机；是鼓点，更是号角。让我们砥砺初心，文接百年风华；行稳致远，志取万里云程！

感谢一路有你，携手一中共成长；期待前程有你，共赴繁花好春光！

聚焦新质生产力　创新赋能新征程

——龙年新春开学抒怀

岁序更替，新元肇启。引用当前流行的生僻字组成的祝福语，祝愿我们的师生在新的一年，龙行龘龘，前程朤朤，生活鱻鱻，事业燚燚。

莫道君行早，更有早来人。新春时节的岭南大地，人们击鼓催征、龙腾虎跃，穿梭奔忙、奋楫争先。"新质生产力"概念，成为人们热议的话题。

发展新质生产力是推动高质量发展的内在要求和重要着力点。新质生产力是创新起主导作用，具有高科技、高效能、高质量特征，符合新发展理念的先进生产力质态。其特点是创新，关键在质优，本质是先进生产力。

纵观人类发展历史，创新始终是一个国家、一个民族发展的重要力量，也始终是推动人类社会进步的重要力量。

21世纪中国学校的变革愿景和现代教育的目的就是把每个人培养成创造者和创新者。

顺德一中自觉响应党和国家的创新号召。从"为学生一生发展奠基"的办学理念、"四个学会"的校训、"互联·深度"的教学理念以及"知行合一，体验内生"的德育理念，到"三大书院""四大基本能力""五个一百"的具体实践，我们始终厚植创新与卓越的基因，"让学生站在学校的正中央"。

新学期，我们将恪行"守正创新"的主题，着力优化学科竞赛机制，深度革新教学教研；将"书写"纳入校本课程体系，将"表达"纳入"凤山书院"课程序列，组建高水平的即席演讲社和辩论社；首创性开展"全学科阅读"活动；精心打造"少年科学院"科技节、"凤山书院"书香节、"九章书院"π文化节等。

创新人才的培养，从来不是学校的独自起舞；孩子们的自觉担当，方是主体精义。致力于高品质的创新，成就更优秀的创新者，有三句话值得共勉。

第一句话：少年应有鸿鹄志，当骑骏马踏平川——志向是创新之魂。"为天地立心，为生民立命，为往圣继绝学，为万世开太平。"把握事物之规律，解决社会之问题，引领时代之变革，是一中人应有的胸怀和器局。我们欣逢盛世，当不负盛世；我们身处一中，当勇夺第一。这是我们一中人应有的使命和担当。

第二句话：书卷多情似故人，晨昏忧乐每相亲——阅读是创新之阶。我们认为，青年应该博览群书，增长知识，丰富思想，提高素养；但读好书，才是真正的"开卷有益"。高中学习时间有限，必须学会读书。在信息时代，人们处处可阅读、时时可阅读，有些只要浏览式地速读，有些却需沉浸式地慢读。本学期学校全面铺开的"全学科阅读"将把你们带入阅读的新境界。

第三句话：少年辛苦终身事，莫向光阴惰寸功——勤奋是创新之源。"古今智者，多以傲败；古今愚者，多以惰败。"顺德一中的孩子，是同龄人中前5%的少年翘楚，心智水平领袖群伦。其进阶成功的关键，在于自我管理，在于是否足够勤奋。唯有锲而不舍、根基稳固，方能跨越山河，驰骋星海。

借用著名教育家蔡元培先生所言，名校是追求真理的学术殿堂、启智通心的育人沃土、引领社会发展的灯塔、关注人类命运的高地。一中创新者的品质，还包括无畏地探索、有效地合作；一中创新者，也必将置身于世界的大局与时代的背景下，统一于国家的建设和民族的进程中，融入中国式现代化的滚滚洪流。

你若创新，我必鼓舞；龙年新启，创新领航。在中国文化中，龙是祥瑞的象征，蕴含强大无比的力量。在新时代语境下，龙也是创新的象征，时空的变幻交错着神韵的蝶变，给予我们灵动之美和万象之福。

新春伊始，让我们龙马精神、龙战于野，踔厉奋发，实现梦想！

第三章

立德树人

顺德一中：
从"奠基"到"卓越"的学校理念谱系

"为学生一生发展奠基"是顺德一中的办学理念，"崇尚一流，追求卓越"是顺德一中的精神追求。"奠基"与"卓越"贯穿于顺德一中办学的始终，串联了学校的理念谱系。

一、办学理念：为学生一生发展奠基

（一）教育应当放眼未来，关怀学生一生的生命质量

"为学生"是鲜明的教育目标指向。高中阶段是基础教育的末端，是影响学生终身发展的关键时期，对学生健全人格的培养是实现其终身幸福的基础。

（二）教育应当关切素质，培养学生扎实的发展能力

现代社会的竞争本质上是个体综合素质和能力的竞争。高中教育的重要价值是培育学生胜任竞争的扎实基础、优秀能力和卓越素质。

（三）教育应当关怀差异，提供学生全面发展的可能

学生是有差异的鲜活个体，存在多元发展的趋势。高中教育应当在注重基础的同时尊重个性，为学生多元发展提供可能，奠定基础。

二、校训：学会做人、学会求知、学会办事、学会健身

（一）"学会做人"，铺就学生的人格底色

1. "学会做人"具有教育的终极意义。这是学校教育的最终目标和核心要

义，是教育根本任务的直接体现，是为党育人、为国育才的题中应有之义。

2. "学会做人"具有奠基的重要作用。高中阶段的教育，处于学生迈向成年的关键节点，处于学生价值理性形成的关键时期，是否会"做人"直接关乎其人生的基本走向。

3. "学会做人"是人才培养的目标指向。我们按照党的教育方针落实立德树人根本任务，努力培养担当民族复兴大任的时代新人，培养德智体美劳全面发展的社会主义建设者和接班人。

（二）"学会求知"，提升学生的核心素养

1. "为什么求知"——探讨学习的深层动力乃至动力源。在学科教学行为之外，找到学生学习的原动力，变"要我学"为"我要学"。

2. "如何求知"——关注学生的学习途径和方法。学生学习的过程，不仅是求取书本上知识的过程，更是求取更广义的知识和技能的过程，也是获取学习能力、体验事物价值的过程。学校教育，要能为学生提供学习的"金钥匙"。

3. "求知何用"——找出学生学习的目标指向。学生的学习能力和学习效果，直接关乎个体一生发展和终身幸福，因此应鼓励学生"爱学习""会学习""享受学习"，引导学生"终身学习"，用知识创造更美好的生活。

（三）"学会办事"，关切学生的关键能力

1. "学会办事"着眼高位引领——新时代新青年，应该担当中华复兴、报效祖国的历史大任，致力于中华民族伟大复兴。

2. "学会办事"奠基幸福人生——指导学生做好从学校到社会的各种衔接和过渡的准备，能为学生一生奠定重要的生存和发展基础。

3. "学会办事"蕴含丰富内涵——让学生能够适应不同情境，应对各种情况，处理常见问题，学会有序处理工作任务和人际关系。

4. "学会办事"坚持能力立意——这是一种综合能力的培养，是社会精英在实务操作层面最需具备的品质。

5. "学会办事"倡导自主自为——创设舞台，鼓励尝试，重视直接经验，"让学生站在学校的正中央"，学生通过自主自为的体验，内生出优秀的处事能力。

（四）"学会健身"，奠基学生的幸福人生

1. 从家国视野审视"学会健身"——健康的体魄是精彩和幸福人生最重要的基础，是对家庭、社会、国家尽责的基本要求和具体体现。

2. 从体育精神审视"学会健身"——除了强调学生要有健康的体魄外，更强调要有体育精神所赋予的坚强的意志、顽强的斗志、健康的心理、终身锻炼的习惯等品质。

3. 从奠基人生审视"学会健身"——鼓励学生在高中阶段至少培养一项相伴终身的体育运动爱好，通过运动，为幸福人生奠定基础。

4. 从现实需要审视"学会健身"——健康的体魄也是学习所必需的。高中阶段高强度、快节奏的学习生活，必须要有优良的身体素质作为支撑。

三、学风：笃行求真，勤学善思

（一）"笃行"

"笃行"，意指对事业专心致志，锲而不舍，知难而进，勇往直前，也包含百折不挠、愈挫愈奋的精神。

（二）"求真"

"求"，追求，探求，寻求；"真"是真理、事物本原之意，既是指自然界的根本法则，也是指社会的至高境界。"求真"就是尊重科学，追求真理，探求本原。

（三）"勤学"

"业精于勤，荒于嬉；行成于思，毁于随。"要想成人、成才，必须勤奋刻苦，钻研有恒；注重学习细节，才能提升学习效果、学习效率。

（四）"善思"

孔子曰："学而不思则罔，思而不学则殆。""善思"是一个人不断反思、不断成长的必要条件，也是学生学习的法宝。只有善于思考才能提升自我、完善自我、成就自我。

四、教风：创新求是，乐教善导

（一）"创新"

"苟日新，日日新，又日新。"意为与时俱进，追求新高；表现为勇于探索，开拓进取。创新是学校教师不断进取的灵魂，教师要敢于突破，向传统观念和方法挑战，在实践中不断探索、改革，实现跨越式发展。

（二）"求是"

陶行知先生说："千教万教教人求真，千学万学学做真人。""求是"体现教师脚踏实地、实事求是的价值追求，体现学校去除浮躁、力戒虚假、追求真知灼见的教育理念。

（三）"乐教"

"知之者不如好之者，好之者不如乐之者。"乐教是一种至高的精神境界，是教师职业的理想状态，是教师实现自身崇高价值的路径追求。

（四）"善导"

教师是学生学习的引领者，是学生品行修养的雕刻师，科学、良好的教学方式是学生成长、进步的关键。

五、校风：尚志求美，好学敬业

（一）"尚志"

高尚其志，崇尚志节。"尚志"强调道德和理想，体现着学校的行为道德准则和价值取向，旨在鼓励师生做品德高尚、知识渊博、言行一致、服务人民、奉献社会之人。

（二）"求美"

弘扬美德，反对丑恶；创造美景，清除污秽；讲究文明礼貌，反对野蛮粗俗。营造一中师生用心发现美，努力展现美、传递美、创造美，共同踏上美丽的教育之旅的教育氛围。

（三）"好学"

"好学近乎知，力行近乎仁，知耻近乎勇。"只有勤奋学习，热爱学习，才能激发更强的学习动机，鼓励教师要具有旺盛的求知欲和孜孜以求的学习精神。

（四）"敬业"

敬业是一种精神，表达的是对职业的深刻认知、充分认同和崇高敬意。爱岗敬业是对教师职业的本质要求。

六、育人理念：知行合一，体验内生

（一）强调学生的言行统一

"知行合一"是中国人关于认识与实践关系的理论表达，"体验内生"是基于"知行合一"的认知路径的表达。

（二）强调学生的参与体验

通过观摩、倾听、岗位锻炼、动手实践、活动组织等，让学生多方位去理解、去感受、去探索、去学习。

（三）强调学生的内化生成

学生在身临其境中增长解决问题的才干，在体验中认识世界并形成良好的行为习惯，不断进行情感和道德的自我完善，以此达到内化、体认、内省的效果，从而激发生命活力，实现自主性精神生长，满足追求美好的内在需要。

七、一中精神：崇尚一流，追求卓越

（一）阐明终极价值

"崇尚一流，追求卓越"是一中人的理想目标和价值归宿，诠释了一中人高处着眼、高位攀登的精神状态和胸怀远大、止于至善的人生态度。

（二）明确责任担当

"大学之道，在明明德，在亲民，在止于至善。"《礼记·大学》阐明了先人内圣外王的追求。顺德一中把自己的目标瞄向"大学"，它的雄心，不止于高分和高升学率，而是培育人格完善、素质卓越，能够定国安邦，对社会发展有积极影响的"卓越一中人"，这是一所百年名校的责任担当。

激发理想力量　燃烧奋斗青春

——我的一堂"校长班会课"

2021年11月22日下午4：15，班会课时间。

高三（22）班的教室里，我带着精心准备的"校长班会课"，走上了讲台。

对于今天的班会课，我充满期待。高三（21）班、（22）班是我们顺德一中比较特殊的班级，承载着全校师生培养高端拔尖创新人才的希望。显然，同学们也对我的到来有着期待和准备。教室前的黑板上，着"面朝大海，春暖花开"八个大字，同学们的俏皮和亲切，可见一斑。

"我希望同学们能向更高更远的目标迈进！"走上讲台，我面带微笑，向同学们致以问候。

高三（22）班是个历史类班级。根据前期对该班的调查反馈，我对班级基本情况进行分析，表扬了同学们齐心有梦想、学习有氛围、好学肯钻研、好问勤探究等优点。同时，我结合两届历史类"尖刀班"对比分析，有所侧重，找准问题，明确提出了该班改进提升的方向，总结了班级增分、进步的潜力点。

为了激励同学们奋发向上，我向大家提出四条建议：

一是要在高三这个人生重要的转折点勇敢挑战自己，志存高远；

二是要注重重点、难点知识的归类总结、分析，关注时政和对重大时事的理论评析；

三是要严肃对待学习，欣赏并享受自己的学习成果；

四是要吃饱睡好，保持良好的学习状态。

在此次"校长班会课"上，我还多次提到了理想目标的力量，鼓励同学们敢梦敢想，树立远大目标，用理想目标的力量激励自我奋进。

在互动中，同学们精神饱满，斗志昂扬。不管是对未来的决心和勇气，还是对目前各项细节工作的态度和认识，都让我深深地感受到有为一中青年的朝气蓬勃和飒爽英姿。

"同学们，你们正值最美的年龄，付出最大的努力，你们奋斗的青春最美丽！"在班会课的最后，我用满怀希望的目光注视着全班同学，给予他们深切的勉励。我期待通过这节"校长班会课"，激发同学们的理想力量，促进他们燃烧最美青春，奋进卓越征程。

汇大爱，成卓越；承使命，赴荣光

——写在顺德一中2022年"班主任节"启动之际

2022年是顺德一中第十一个班主任节举办之年。捷克教育家夸美纽斯是世界教育史上第一个系统阐述班级授课制的人。3月28日是夸美纽斯的诞辰日，我们将这一天定为学校的"班主任节"。为教育传薪播火者，我们纪念他；为育人担当大任者，我们颂扬他！

班主任是一个令人尊敬的教师角色。他们可能是世界上权力最小的"主任"，却最为忙碌；他们的工作日常可能最琐碎，却最能收获满足感；他们的付出可能最不被理解，却是在学生毕业多年后最不会被忘记的人。他们既做经师，也做人师；既是向导，也是朋友。

我们收到了来自北京大学的喜报：我校2018届李汝佳同学，获得了北京大学二等奖学金，并被评为"三好学生"。事实上，像这样的喜报，纷至沓来，从未间断。他们成功的背后，站立着一位位素质卓越、情怀笃厚的一中班主任——

忍着痛风之痛单脚上课的班主任陈生聪，2021年高考班级创下全班平均分660分，3人考上清华大学的纪录；管班用心，育人用情，陪伴一直在线的班主任郭婷，2021年高考班级平均分达620分；首创"心灵碰撞本"的班主任罗士祷，鼓励学生与他交流倾诉，收获学生满满的信任；敬业、专业、幽默的青年班主任叶道立，注重细节育人，用心赢得佳绩；才华横溢、能说流利英语、能驾驭高等数学的班主任李智，在历届学生的记忆中如同偶像。

优秀班主任、精英任课教师，他们犹如满天星辰，熠熠生辉。

他们心有大爱，乐于奉献，是一中师道的构建者和践行者，是一中人文精神的奠基人。他们值得我们每一位同学深深感恩。

他们学富五车，素质卓越，是一中教师的中坚和骨干，是卓越一中人的代表和缩影。他们值得我们每一位同学昂首仰望。

如今，顺德一中下一个五年规划擘画就绪，打造"立标省内，领跑湾区的高品质岭南名校"是我们的目标追求。今年的"班主任节"，时代无疑寄予了班主任和全校教师更高的期待：我们要有"四有"教师的担当，争当教学改革的先锋，实现全面超越的梦想。

夸美纽斯曾经盛赞"教师是太阳底下最光辉的职业"，也提醒教师"职业本身就责成一个教师孜孜不倦地提高自己"。我们共享教育者的荣光，又共担教育者的使命，这或许正是我们庆祝"班主任节"的意义所在。

怀"国之大者"　担青年责任

——我说一堂"校长班会课"

2022年5月，我为高二（1）班的同学上了一堂班会课。以下为说课内容，谨作分享。

我所说的这一节主题班会课，题目是"怀'国之大者'，担青年责任"。我想从以下九个方面展开我的说课。

一说主题。这节班会课定为这一主题，主要基于以下考量：一是立德树人是教育的根本任务，为党育人和为国育才是教育之责；二是当代青年学习践行"国之大者"，是时代之需；三是顺德一中"学会做人、学会求知、学会办事、学会健身"的校训召唤，是一中学子担当有为、成才报国的应有之义。

二说学情。顺德一中作为区域龙头标杆学校，学生综合素质高，思维、学习、创新能力强；但受成长环境、区域文化和群体特性的影响，学生的宏观视野、政治体验和社会参与还有一定欠缺，需要予以高位引领和专题教育。

三说目标。一是认知目标，认知"国之大者"的科学内涵和当代青年的历史使命，彰显科学精神；二是情感目标，增进对党和国家的认同和热爱，激发青春理想，形成政治认同；三是行为目标，鼓励一中学子心怀"国之大者"，承担青年责任，积极为国奉献，践行公共参与。

四说准备。教师层面，就"建团百年""国之大者""青年责任"等核心内容查找相关资料，对授课班级的学生进行学情调查，针对授课内容设计调查问卷，与德育部门的相关教师进行多次磨课。学生层面，通过查找资料、走访、讨论等形式，就本课内容做前期探究。

五说理念。我的德育理念是"知行合一，体验内生"。鼓励学生实践、探究、体验，通过内生、内省达成德育目标。本节课的总体思路是以学生为主体，教师为主导，设计多个调查、互动、探究、讨论、实践环节，借助丰富的多媒体素材，分三个部分逐层递进，达成教学目标。

六说重难点。本节课的重点是引领青年学生明晰青春责任，内化为精神追求，勇于担当作为，难点是使学生理解"国之大者"的内涵。

七说方法。综合运用讲授法、讨论法、任务驱动法等教学方法实施教学。

八说过程。

首先是导入。阐明2022年是中国共产主义青年团成立一百周年，在特殊的历史节点，探寻青年的历史使命，恰逢其时。

其次是授课。分为三个部分。

第一部分，"跨越时空，探青年理想。"设计活动：通过展示课前关于祖孙三代人的青春梦想的调查结果，引入视频《时代之问》，再借用青年演员王源的话指出，青年是历史的参与者、奉献者、铸造者。设计意图：让学生穿越时空隧道，体悟青年使命，回答时代之问。

第二部分，"立志成才，明责任要求。"设计活动：通过关于时代人才的设问，通过视频和课件，学习"国之大者"，再进一步引出"国之大者"与顺德一中校训的契合点和一致性，明确对青年的要求。设计意图：让学生联系自身实际，知晓"国之大者"，明晰青年责任。

第三部分，"展望未来，亮青春底色。"设计活动：展示调查结果，开展师生互动，探究实现青春梦想的条件和挑战；通过观看视频和图片，学习当代优秀青年的事迹和顺德一中优秀青年校友的故事；学生齐声朗读经典语段，教师就如何实现青春梦想、担当作为作出小结。最后以建团百年主题曲《有我》结束授课，并布置作业：撰写一篇心得体会和出一期主题宣传板报。设计意图：让学生心怀"国之大者"，勇于担当作为，找出行为路径。

　　九说反思。课后，我向学生派发针对本课的调查问卷，一是了解德育目标的达成情况，二是收集学生对教师授课的意见和建议。之后，还要把学生的优秀心得体会和板报作业进行整理宣传，将本课的授课得失形成教学反思，将做好相关资料的存留，以供今后教学借鉴。

家庭教育中的"困"与"解"

2022年1月1日，《中华人民共和国家庭教育促进法》正式颁布实施，其中写到"家庭是第一个课堂，家长是第一任老师"，由此，家庭教育从"家事"上升到"国事"。我们可以通过一些案例，谈谈家庭教育中的那些事。

一、案例分析：无力之困

随着经济的发展，社会节奏的加快，家长面对的问题越来越多：工作繁忙，陪伴孩子的时间少了；家庭教育知识欠缺，情绪容易失控了；离婚率不断攀升，单亲家庭和重组家庭多了；等等。这一系列问题带来了"家庭教育危机"，不同程度地影响了孩子们的健康成长。

今年暑假，安徽阜阳的一位妈妈因为孩子成绩不理想，撕下儿子满墙奖状的事情登上了新闻热搜。

中考重要，我们感同身受。但是这位妈妈用这种方式来教育孩子，我们却难苟同。这使孩子感受到的是，父母对他的失望和否定。这个案例可能比较极端，但其实它反映出了我们很多家长对于家庭教育的一种无力感。有网友调侃："不谈学习，母慈子孝，连搂带抱；一谈学习，鸡飞狗跳，血压爆表。"

事实上，青春期孩子可能出现的问题，可谓层出不穷，比如学习倦怠、考试焦虑、学业管理、亲子关系、同伴相处、异性交往、生涯规划等。这都是家庭教育陷入"无力感"的重要原因。

探究发现，这些问题的出现有着深刻的社会原因：时代的迅速发展，使我们的生活面临诸多不确定因素；未来社会对人才的"高而全"的要求，让我们的孩子既要能上九天揽月，也要能下五洋捉鳖。家庭教育的种种困局，值得我们重视并破解。

二、解困之道：转变观念

家庭教育的解困之道，首先在于我们家长朋友转变观念，从孩子的需求入手，体悟与孩子的相处之道。

时代变了，孩子们的需求也变了。著名心理学家马斯洛提出，人的需求有五个层次。进入新时代，生理与安全已经不是孩子的主要需求了，他们需要归属感，需要被尊重，更渴望实现自己的人生价值。

所以，我们的家长朋友也要提高为人父母的层次，由第一、第二层级的较低层次父母，朝向第四、第五层级的高层次父母迈进。

在我看来，家庭教育的要诀就是八个字："循理入心，静待花开。"我们要走进孩子的内心，遵循孩子成长的规律，做孩子成长的最美陪伴者。展开来说，就是做好三种角色：做一个守护者，守护孩子的美好愿望；做一个抚慰者，抚慰孩子的不良情绪；做一个示范者，引领孩子持续学习。

做一个守护者，不但要教会孩子如何去赢，更要教会孩子如何漂亮地"输"。随着时代的发展，家长的素质越来越高，家长能为孩子铺好前行的道路，却往往忽略了一个最基本的规律：每一次困难和危机都是成长的机会，一味地避免让孩子犯错和试错就等于剥夺了孩子成长的机会。面对孩子的失败，我们首先要做到大方接纳，引领孩子分析原因，汲取成长和进步的养分。要让孩子明白，成长需要珍惜每一次"输"的经历。同时，告诉孩子，父母爱他的优秀，更爱他跌倒后勇敢站起来的姿态。

做一个抚慰者，就要学会耐心地倾听和接纳。著名心理学家罗杰斯说，爱是深深的理解与接纳。孩子出现的情绪，哪怕是负面的情绪，也是他内心的表达和宣泄。首先，我们要在情感上理解孩子、支持孩子，尤其是当孩子出现负面情绪之后，要予以坚定和果断地接纳；其次，不要急着跟孩子讲道理，要当一个倾听者，先走进他真实的内心世界，然后再对症下药。

做一个示范者，就要身体力行，营造家庭共同学习、终身学习的氛围和环境。俗话说："言传不如身教，身教不如境教。"家长首先要积极学习专业知识，争当业务骨干，以自己对知识的渴求、对业务的钻研来启迪孩子努力学习；其次，要积极学习教子方法，争当优秀家长，积极参加家长课堂、学校活动和社区服务，在实践中提升为人父母的素养。

北京师范大学青少年教育专家钱志亮教授说："培养一个优秀的孩子，父母需要经历三次失望：第一次失望，孩子的成长，是与父母一次又一次的别离；第二次失望，父母对孩子的话语权是有有效期的；第三次失望，孩子的人生，大概率会是平凡的。"但我们坚信，只要方法得当，再平凡的孩子也会拥有属于自己的精彩人生。

家庭教育，本无定法；"困"有其因，"解"有其道。只要我们心里有爱，然后不断学习如何去爱，以包容、鼓励和引领给予孩子足够的成长空间，我们的孩子就一定会成为你所期待的样子！

家校共育，一中在行动

——顺德一中家庭教育研究中心揭牌仪式后有感

"时维九月，序属三秋。"伴随着73周年国庆的喜庆脚步，我们迎来了顺德一中家庭教育研究中心成立揭牌仪式暨家校共育线上平台发布会。这是顺德一中家校合作教育高质量发展的重要节点，是顺德第一中学教育集团德育工作合作提升的标志性盛事。

2017年，教育部印发《中小学德育工作指南》，明确将家庭教育纳入德育工作体系；2019年，中共中央、国务院印发《关于深化教育教学改革全面提高义务教育质量的意见》，要求重视家庭教育，充分发挥学校主导作用，密切家校联系。2022年1月1日，《中华人民共和国家庭教育促进法》正式施行。这一切，为我们开展家庭教育研究提供了根本方针。

近年来，顺德一中贯彻落实党的教育方针，围绕"为党育人、为国育才"的目标，我们积极开展协同育人工作。

一是建设家长学校，实施专题教研。我们建设规范化的家长学校，完善家长学习课程，探索父母课堂授课主题和组织方式，举办普适性的专题讲座，组织针对性的家教沙龙，线上线下为家长答疑解惑，培养了一批理念新、懂规律、讲方法的好家长。

二是完善组织架构，发挥家委会作用。我们架设了完善的家长委员会组织体系，一届届家委们团结统领、守正担当、传承经验、创新赋能，在家校共育、学生发展、凝聚力量、学校治理中发挥了积极作用。

三是开展志愿服务，助力教育教学。家长志愿者队伍不断壮大，广泛参与交通疏导、食堂陪餐、晚修共读、周末陪伴、招生宣传等工作，有效地拉近了家校、亲子之间的感情。

四是推行全员导师，开展全员家访。我们推行全员导师制，为学生安排成长导师，并在导师的参与下开展常态化的全面家访活动。将普访摸查和深入交流相结合，了解学生情况、家长需求，凝聚思想共识，集成教育智慧。

五是开设家长讲堂，积极引领卓越。我们对优秀学生家长进行分类联系，将其当作学校重要的教育资源。利用家长会、家长论坛、家长沙龙等形式，让家长走上讲堂，让家长培训家长，让优秀家长引领孩子的卓越成长。

"为学生一生发展奠基"是顺德一中的办学理念；携手家庭，深耕教育，助力学生成人成才，是我们的愿景。因此，我们成立顺德一中家庭教育研究中心，邀约多方力量，拓宽多种途径，旨在传播家庭教育知识，研究家庭教育规律，实施家庭教育课程，推广家庭教育文化，构建家庭教育机制；以顺德一中为原点，打造覆盖全集团、贯通全学段、凝聚家校力量、培育优秀家长的家校共育新平台。

我们的家庭教育研究中心成立于2022年1月。在试运行的8个月里，中心围绕总体工作目标，建立家庭教育导师团，开设家教课堂，搭建家庭教育学习、培训、考核、评价平台，开展专家讲座，举办家教沙龙，创设个体深谈家访模式，在家校沟通、协同育人方面做出了积极探索。

接下来，我们的家庭教育研究中心将重点推进吸纳导师、整合资源、构建课程等工作，努力探索新时期家庭教育的新特点、新规律、新方法、新途径，营造和谐共进的家校生态。

一中高朋雅集，秋日更胜春朝。今天家庭教育研究中心的揭牌，家校共育平台的正式发布，表明顺德一中在高质量发展的漫漫征程中迈出了新步伐。我们坚信，顺德一中家庭教育研究中心定能业务精进，日新日善，为广东家庭教育的研究与实践提供"一中方案"，贡献"一中力量"！

努力奔跑，做不被取代的自己

——顺德一中2024届高三学生"跑步进高三"启动仪式抒怀

2023年高考的烽烟散尽，师兄师姐已经将高三的接力棒传到了高二同学的手上。一边是使命在肩，责任重大；一边马不停蹄，整装待发。在6月的一个午后，我们举行2024届高三学生"跑步进高三"启动仪式，是为即将奔赴高三的同学们壮行，更是为我们明年高考的胜利作序。

值此时刻，我有千言万语。我们今天的仪式，选择的是"跑步进高三"的形式，这是我们顺德一中沿袭多年的活动形式，早已成为学校文化的一部分。青春飞扬的少年，在整洁开阔的运动场上尽情奔跑，呼喊着战斗的口号，释放着斗士的能量。这是青春该有的锐气，也是一中学子必有的锋芒。奔跑，定格了我们一中学子的热血丹心。

我当天的讲话，恰是从少年的奔跑开始——我乐见你们奔跑，活出青春本来的模样；我鼓励你们奔跑，善做不被取代的自己。

最近几个月来，一个叫作"ChatGPT"的事物强势闯入了我们的生活，成为各界精英热议的话题。ChatGPT是美国人工智能研究实验室新推出的一种聊天机器人，拥有强大的语言理解和文本生成能力，上知天文，下知地理，能做到与人类几乎无异地聊天交流，还能完成撰写邮件、视频脚本、文案、代码等任务。

毫不夸张地说，这是人类历史上具有革命意义的科技变革。在谷歌内部的测试中，ChatGPT顺利通过了三级工程师面试，这个职位的年薪为18.3万美元，折合人民币124万元。人类的平均智商在90—110，而根据测试，ChatGPT

的智商已经达到了80以上。麦肯锡在一份报告中指出："未来将有70%的工作被淘汰。"技术工种、法律工作者、媒体工作者、平面设计师、客服等，各种没有创新的重复工作都会被取代。李开复说："未来15年，AI会接管我们一半的工作。"

ChatGPT的出现，令人赞叹，也令人焦虑，正是"世界百年未有之大变局"的生动体现。今年3月中旬，我校承办了一场全国性的校长峰会。会上，来自中国教育科学研究院的王烽所长，为我们剖析了ChatGPT语境下的教育变革。他一针见血地指出："在人工智能几乎无所不知的时代，教育的重心将向培养独立思考能力、创造力、情感、价值观以及人际交往等能力方面转移，真正点燃每个孩子内心的火种，让每个人都成为他自己。"

党的二十大报告提出"全面提高人才自主培养质量，着力造就拔尖创新人才"。在人工智能方兴未艾的浪潮之下，要成为时代的弄潮儿，我们必须未雨绸缪。作为顺德一中的学子，我们必须努力奔跑，成就一个不可替代的自己。

成为不可替代的自己，意味着什么？

它意味着我们需要更高阶的创造性思维和解决问题的能力，意味着我们需要更强大的人际交往和团队协作能力，意味着我们要具备更优秀的艺术和人文素养，意味着我们需要具备更强的责任感。

更需要提醒的是：人被机器取代，可能只是科技发展过程中一种新的趋势；被他人取代，"能者上，庸者下，平者让"，则是人类自古以来优胜劣汰的自然法则。相比而言，后者更普遍，也更残酷。"不被替代"是时代之问，更是尊严之问。

如何不被替代？必须深入思考。

当下，我们踏入高三，眼前面对的是整整一年的高三黄金时间。一年，如果虚度光阴，它将转瞬即逝；如果提前谋划，则可扭转乾坤。我希望各位同学能够认清时代的变化、现在的自己，明确前行的方向、脚下的路。

如何不被替代？只有努力奔跑。

我们努力奔跑，需要付出200%的勤奋。学习恰如逆水行舟，不进则退，没有夙兴夜寐的决心、挑灯夜读的干劲、悬梁刺股的体验，我们无法战胜秣马厉兵的对手。

我们努力奔跑，需要具备钢铁一般的意志。一中学子，自当崇尚一流、追求卓越，没有兼济天下的雄心、强国有我的魄力、舍我其谁的气势，我们无法应对形形色色的挑战。

我们努力奔跑，需要有胜人一筹的效率。时间是最公平的裁判，效率藏着最慷慨的回报。没有科学系统的规划、争分夺秒的争取、坚定不移的执行力，我们无法收获犒赏自己的惊喜。

奔跑是少年最帅最美的姿态，它以无限的活力，诠释无比美好的青春；它以无限的张力，探求充满期待的未来！今天我们热情奔跑，向高三进军；美好的未来，也正在与我们双向奔赴。明年的此时，少年与高考，成功与喜悦，定将在顺德一中胜利会师，撞个满怀！

底色越精彩，未来更出彩

——写在顺德一中2023级新生军训开营之际

送别夏日炎炎的暑假，我们又投入热火朝天的军训之中。2023级1000名高一新生来到顺德一中的校园，以军训的方式，正式开启我们的高中生活！

走进顺德一中的大门，我们就是一中人。从1911年建校至今，顺德一中已经走过了112年的风风雨雨。秉承一中先贤的办学遗志、"四个学会"的校训和"为学生一生发展奠基"的办学理念，顺德一中从创立走向成长，由成长迈向辉煌。近年来，顺德一中迈上了发展的快车道：成为佛山市顶尖的三所卓越高中之一；高考成绩连年突破，至2023年高考，半数考生获600分以上高分，特控率达到96.12%的历史高位；2023年，学校成为佛山市"双高"行动计划仅有的三所数理类高水平学校之一。

从高一同学收到录取通知书的那一刻起，一中发展的责任就历史性地落在了同学们的肩膀上。"我在，一中更精彩！"这是一中人一句响亮的口号，是一中师生共同的价值追求。而今天，无疑是我们践行这一追求的起点。

军训是同学们迈入高中教育的第一课，具有重要的价值和意义。

军训是国防教育的载体，是每一名高中学生的必修课；军训是磨炼意志的熔炉，是我们坚韧斗志的训练场；军训是锻造集体的摇篮，坚不可摧的优秀班集体从中走来；军训是养成纪律的成长营，让我们令行禁止，整齐划一；军训是学习技能的好学校，让我们学会生存，有品质地生活；军训是人生的另一个课堂，是成长的又一次历练，是青春的又一次起跑。

万事开头难，起步始为艰。军训期间，我们将遭遇烈日骄阳、瓢泼大雨，忍受肌肉酸痛，迎战心志疲惫，这一切，正是对我们的现实考验。而战胜困难，恰是我们的不二选择。

我们希望高一的新同学和老师们：

第一，军训组织团队要精心组织，周密安排，认真抓好各项工作计划的落实。跟训教师要全程参与军训，安全第一，万无一失，确保军训任务的胜利完成。

第二，参训同学要提高认识，端正态度，确保以高昂的斗志和饱满的热情投入紧张、艰苦的军训生活。敢吃苦，战高温，斗酷暑。"严"字当头，严格训练，严守纪律，严于律己，力争取得优异的军训成绩。

第三，尊重教官，服从命令。要自觉学习军人高尚的精神品质，严明的组织纪律，朴素的生活作风；要把军训中的收获融入学习，渗透于生活，为三年的高中生活打下坚实的基础。

我相信，经过军训生活磨炼，同学们必将成为意志坚强、纪律严明的优秀学生。在全体教官的精心教导下，在全体师生的共同努力下，大家团结一致，刻苦训练，一定会高标准地完成各项训练任务，短暂而紧张的军训生活也一定会给每一位同学留下难忘而美好的回忆。

壮志凌云平步起，雄关漫道从头越。我们的高中生活已经掀开了崭新的一页，军训将为我们绚丽的高中生活铺就一抹底色。底色越精彩，未来更出彩；吹响集结号，我们又出发！

知行合一，体验内生
——"四会"德育活动课程体系的构建与实施

从1988年至今，我在顺德德育岗位上工作了36年。其间虽有累计不到6年的时间，我暂时离开了顺德一中或是冠名"顺德一中"的关联学校，但也从事德育相关工作，没有间断。因此，我的德育思想是与顺德一中紧密联系在一起的。

早在20世纪90年代，我作为首倡者之一，提出了顺德一中的办学理念——"为学生一生发展奠基"。它包含两个方面的内涵：第一，学生是教育的主体，"为学生"是我们教育的初心；"一生发展"是我们实施教育影响的时间跨度和对教育目标的质量追求，要拒绝教育的功利化倾向和短视行为；"奠基"是基础教育的任务，我们的学校教育要为学生一生发展奠定坚实的核心素养基础。第二，教育应当着眼未来，关怀学生一生的生命质量；教育应当关怀学生的全面发展，培养学生扎实的发展能力；教育应当关怀学生的个体差异，因势利导发展学生的兴趣与特长。

以此为生发，我在后来的工作实践中又提出了"知行合一，体验内生"的德育理念。我们强调学生的参与体验，学生通过观摩、倾听、岗位锻炼、动手实践、活动组织等，多方位去理解、感受、探索、学习，在身临其境中增长解决问题的才干，在体验中认识世界并形成良好的行为习惯，不断进行情感和道德的自我完善与解放，以此达到内化、体认、内省的效果，从而激发生命活力，实现自主性精神生长，满足追求美好的内在需要。

在具体实践中，我坚持以"为学生一生发展奠基"的办学理念和"知行合一，体验内生"的德育理念，围绕"学会做人、学会求知、学会办事、学会健身"的一中校训，构建"四会"德育活动课程体系。

（一）基于"学会做人"的德育课程

我认为，"学会做人"具有教育的终极意义，它是教育根本任务的直接体现，是为党育人、为国育才的题中应有之义，它包含了爱国主义教育、理想信念教育、法治纪律教育、道德伦理教育等诸多内容，其根本宗旨在于培养学生健全的人格，正确处理学生自己与世界、与国家、与社会、与他人、与环境、与自身的关系。以此为"圆心"，我设计了相关课程，例如：

1. 党史学习教育课程。我亲自为学生上党课，力促学史明理、学史增信、学史崇德、学史力行。

2. 研学实践活动。如带领学生赴贵州黎平县山区访问贫困家庭，重走红色路线，共学革命故事，厚植爱国情怀。

3. 利用行知长廊，开发优秀校友教育资源，学习他们的先进事迹。如突破技术难关深潜万米海底的杰出潜水员叶延英，拿出个人薪金成立奖学金回馈母校的优秀校友欧阳庆球，献血总量远超过一个成年人总血量的献血志愿者罗松辉，活跃在冬奥赛场为国出力的一中校友志愿者，等等。

4. 组织真人图书馆活动。邀请优秀校友、社会贤达来校分享，为同学们树立好榜样，注入正能量。

（二）基于"学会求知"的德育课程

我理解的"学会求知"，有三个维度的思考：一是"为什么求知"，我们用这个命题探讨学生学习的深层动力乃至动力原点；二是"如何求知"，学校教育既要"授人以鱼"，也要"授人以渔"；三是"求知何用"，我们积极鼓励学生"爱学习""会学习""享受学习"，引导学生"终身学习"，用知识创造更美好的生活。对此，我在德育课程的实践上，做了以下典型尝试：

1. 成立"三院"。在校内成立"少年科学院""凤山书院""九章书院"等学术实体，营造浓郁的学术氛围。

2. 提出"四项基本能力"。将"阅读""书写""运算""表达"四项基本能力强化为具体课程，夯实学生的学习基础。

3. 推行"五个一百"工程。举行"一百场科技报告会""一百场人文报告会""一百场读书报告会""一百场电影欣赏报告会""一百场达人报告会"，构筑学生扎实的素质根基。

4. 开展研学、游学课程。带领学生走出校园，走进古都，走进大学，走出国门，用脚步丈量世界，用双眼洞悉世界。

5. 推行三年阅读课程。以图书馆为依托，利用现代信息技术手段，智能辅助学生借阅；通过设计个性化、人文性的借阅卡，为学生留下美好的阅读体验。

6. 开展学习类专题校园文化活动。如举办科创文化节、阅读文化节、诗词大赛、朗读者、英语晚会、语言文化节等活动。

（三）基于"学会办事"的德育课程

其主要立意，一是"学会办事"着眼高位引领，引导学生致力于中华民族伟大复兴。二是"学会办事"奠基幸福人生，指导学生做好从学校到社会的各种衔接和过渡的准备，能为学生的一生奠定重要的生存和发展基础。三是"学会办事"倡导自主自为。"让学生站在学校的中央"，通过学生自主自为的体验，内生出优秀的处事能力。因此，我设计了相关课程，举例如下：

1. 学生自主筹办体育艺术节。教师退居幕后，学生在学生领袖的带领下全程操持年度盛事——体育艺术节，渐成一中独特的学校文化。

2. 学生回访母校活动。学生在招生季、校庆季、寒暑假等时间节点返回初中母校，感念师恩，汇报成长，交流心得，激励师弟、师妹。

3. 饭堂帮厨活动。作为学校劳动教育的一部分，让学生深入食堂后厨、现身打饭窗口，体验劳动过程，内化心灵体验。

4. "一中达人"教育课程。以"办事能力"为遴选标准，将历届优秀学生干部、优秀毕业生事迹整理成集，命名为"一中达人"，作为在校学生的重要学习资源。

（四）基于"学会健身"的德育课程

我的思考包含以下几个方面：首先，从家国视野审视"学会健身"。健康的体魄是拥有精彩和幸福人生最重要的基础，是对家庭、社会、国家尽责的基本要求和具体体现。其次，从体育精神审视"学会健身"。"相信体育的力量"，强调体育精神所赋予的坚强的意志、顽强的斗志、健康的心理、终身锻炼的习惯等精神品质。再次，从奠基人生审视"学会健身"。鼓励学生在高中阶段至少培养一项相伴终身的体育运动爱好，通过运动媒介，悦纳自我，对话自我，为幸福人生奠定基础。对此，我的德育课程设计有以下典型案例可供分享：

1. 成立长鹿顺德一中女排。借助社会资源，高标准组建顺德一中女排，并将之打造为全省中学女排"梦之队"，取得运动成绩、精神文明、学生升学等多方共赢。

2. 建设学校绿道及"三年千里"行动计划。学校因地制宜建设了环校1.5公里的"绿道"。适时启动"三年千里"行动计划，鼓励学生三年高中时光健身跑步一千里，强身健体，成才报国。

为保障上述德育课程的实施，我主导学校采取了以下配套措施：一是组织保障，成立学生成长指导中心、学生社团指导中心和家庭教育指导中心；二是行动落实，全年分期、分季开展德育课程，形成了优良的办学传统；三是教研加持，分别申报了与课程相关的省、市、区级课题，以课题研究为抓手推动课程实施；四是评价匹配，建立"德育之星"系列评选制度和学生成长积分管理制度；五是队伍支撑，开展班主任培训工作，新入职教师宣誓仪式，实施"导师制"，深入开展家访活动等。

在德育实践过程中，我边做边想，形成了更多思考，如：学科教学作为学校德育主阵地，如何更好地发挥作用？信息化时代的学校德育工作如何与时俱进？基于学段贯通的教育集团，一体化德育如何有效实施？这些问题都有待我们在未来的教育实践中不断精进完善，从而实现新时代更先进的德育教学。

让学生站在学校正中央

——顺德一中的文化育人报告

党的二十大报告提出："坚持为党育人、为国育才，全面提高人才自主培养质量，着力造就拔尖创新人才，聚天下英才而用之。"佛山市顺德区第一中学致力于构建优秀的学校文化，坚持文化育人导向，并以此"为学生一生发展奠基"，鼓励、引导学生"崇尚一流，追求卓越"，始终"让学生站在学校正中央"。

一、深挖文化底蕴，培养卓越人才

从1911年办学至今，顺德一中几迁校址，几易校名，经历过多种办学形式，可谓备尝艰辛，历尽坎坷。顺德一中的百年发展，是一个前后相继的过程，也是一个复杂多样的过程；是一部顺德教育的奋进史，也是顺德教育的改革史。112年的发展历程，顺德一中留存有丰富的文化基因。新时代的一中人，经过提炼和升华，概括出顺德一中的学校文化本质特征，可以用两个词语集中表述："奠基"与"卓越"。

顺德一中的文化，是一种"奠基"的文化。顺德一中办学，拒绝短期功利，放眼长远。学校积极为学生夯实终身发展的根基，让学生凭借扎实的基础教育功底，在高等教育阶段乃至终其一生，厚积薄发，行稳致远。例如，学校正在实施的"四大基本能力"课程——"阅读、书写、运算、表达"，"五个一百"素质拓展课程——"一百场科技报告会、一百场人文报告会、一百场读书报告会、一百场达人报告会、一百场电影欣赏报告会"，均具有奠基人生基本素质、基础涵养的显著特征，可让学生受用终身。

顺德一中的文化，也是一种"卓越"的文化。顺德一中是顺德基础教育龙头标杆学校，从教师到学生都有追求卓越的价值原点和行为自觉。学校高位谋划、高处着手，从生涯规划、课程设置、人才引进、教学方式、培养通道等各个方面促进学生成为高端、卓越人才；在办学实效上，顺德一中近七年以来，办学业绩连年攀升，拔尖创新人才层出不穷，人才培养质量、人才发展后劲得到各大著名高校的高度赞誉。"我在，学校更精彩""崇尚一流，追求卓越"成为全校师生高度认可的价值观。

二、构建文化体系，奠基幸福人生

顺德一中在从"奠基"到"卓越"的学校文化建设实践过程中，形成了一系列的办学思想，为学校的办学行为提供了理念指导。

"为学生一生发展奠基"是顺德一中的办学理念。这个理念意味着，虽然学生的高中学习只有三年的时间，但是学校不应只求一时之利、眼前之得，应以生为本，从大局着手、高处立意，为其持续发展、长远发展奠定基础、提供平台。学校根据学生的成长规律和发展需求，分层分类开展教育教学活动，把学生培养成会做人、会求知、会办事、会健身的"卓越一中人"。

在一中人看来，为学生一生发展奠基，也是高中阶段学校办学的核心目标。这一判断，是基于对教育规律的深刻认识和社会发展对人才需求趋势的正确把握。顺德一中认为，教育应当着眼未来，关怀学生一生的生命质量；教育应当重视学生的全面发展，培养学生扎实的发展能力；教育应当关注学生的个体差异，因势利导发展学生的兴趣与特长。

顺德一中从20世纪90年代初起，就确立了"四个学会"的校训。一是"学会做人"，铺就学生的人格底色。今天，顺德一中按照党的教育方针落实立德树人根本任务，"学会做人"校训指向的就是"努力培养担当民族复兴大任的时代新人，培养德智体美劳全面发展的社会主义建设者和接班人"。二是"学会求知"，提升学生的核心素养。学校要求连接新课标和新高考两端，更新学习观念，打牢学生的知识和能力基础，关注过程和方法，渗透情感态度和价值观，"在真实情境中解决复杂问题"，培养学生的应变创新能力，最终提高学生的核心素养。三是"学会办事"，关切学生的关键能力。一中人所理解的"学会办事"，具有五个方面的观照：着眼高位引领——致力于中华民族伟大复兴；奠基幸福人生——指导学生做好从学校到社会的各种衔接和过渡的准备；蕴含丰富内涵——让学生能够适应不同情境，应对各种情况，处理常见问题，学会有序管理工作任务和人际关系；坚持能力立意——注重综合能力的培养；倡导自主自为——创设舞台，鼓励尝试，学生通过自主自为的体验，内生出优秀的处事能力。四是"学会健身"，奠基学生的幸福人生。健康的体魄是拥有精彩和幸福人生最重要的基础，除了强调要有健康的体魄外，更强调要有体育精神所赋予的坚强的意志、顽强的斗志、健康的心理、终身锻炼的习惯等精神品质。

"崇尚一流，追求卓越"是顺德一中的"一中精神"。作为顺德基础教育的龙头标杆学校，顺德一中不仅具有一流的管理模式、一流的师资配备、一流的基础设施、一流的教学质量，更承载了学生、家长、政府和社会的更高期待。"大学之道，在明明德，在亲民，在止于至善"，顺德一中把自己的目标瞄向"大学"，它的雄心，不止于高分和高升学率，而是培育人格完善、素质卓越，能够定国安邦、对社会历史发展有影响的"卓越一中人"，这是一所百年名校的责任担当。

三、定位文化功能，打造书香校园

环境是"化人""育人"的重要途径，校园文化是内在美和外在美的统一。

走进顺德一中，目之所及，耳之所闻，包括扑面而来的氛围，都洋溢着文化的气息。智慧门、行知长廊、校友楼、一中湖等，学校积极营造文化育人生态，让校园内每一条路、每一块石、每一面墙、每一处园景、每一条走廊、每一间教室都烙上文化的印记，让优秀文化浸润和滋养师生的心灵。

顺德一中图书馆最近被评为广东省"最美阅读空间"。图书馆是学校的文化中心，一直以来是顺德一中重点关注的校园文化传承之地。2020年，广东东泰五金精密制造有限公司向顺德一中捐赠1000万元，用于图书馆环境的改造升级。至此，一中图书馆焕然新生。目前，图书馆总面积3940平方米，总藏书量达20万册。

学校致力于打造"智慧图书馆"，馆内设有非常实用的实时信息显示系统，能够显示图书馆每天运行的主要数据，如进馆人数、借阅人数、借书排行等，能为图书馆管理和教育教学工作提供有效的数据支持。同时，学校借助图书馆的便利条件，开展"真人图书馆"活动，邀请各行业的校友、家长以及各界精英，为学生们分析不同行业状况，分享创业故事，激励学生的奋斗激情。

为了激发学生的阅读兴趣，学校还成立了博雅阅读奖，奖励"书香班级""书香少年"等；固定于每年"世界读书日"当天颁奖，为学校的年度盛事。

四、深挖文化潜质，建设"现代书院"

顺德一中发轫于当年的"凤山书院"。书院文化是学校重要的文化渊源。近年来，学校尝试以"现代书院"建设构建学生素质拓展的平台，打造了"三大院"。

立意创新，成立了少年科学院。顺德一中少年科学院成立于2019年。它以项目为载体，着力培养学生的创新精神、创新思维和动手能力，旨在培养科学家型创新人才。学校少科院项目成立后，产生了积极而广泛的示范效应，其成功经验被其他学校多有借鉴。

聚焦数学，成立了九章书院。九章书院立足于弘扬数学史与数学文化，致力于推动顺德一中教育集团内的校园数学文化建设，创办数学类特色活动，打造顺德一中数学文化品牌。创办数学刊物《九章学刊》，开展数学特色活动，带领学生走进数学历史，弘扬数学文化，培养数学学习兴趣，提高应用数学的能力，学会用数学的眼光认识世界。

厚实人文，成立了凤山书院。顺德一中的凤山书院是顺德传统"凤山书院"的继任者和传承者。它立足于文学、人文科学、艺术教育，使学生在丰富的系列性的人文艺术活动中，赓续顺德进取精神，提升人文艺术鉴赏能力与审美能力，激发想象力与创造力，增强语言和文字表达能力，从而全面提升人文素养，培养高尚情操，发展健康个性，培养健全人格。

书院文化，源远流长。作为顺德文脉重要见证的顺德"凤山书院"，八百年传道，学脉绵延，影响深远。其独具特色的"循文道、贯中西"的人文传统和"教学相长"的教育传统，是顺德一中办学思想的重要源头，也为顺德一中现代书院的运营管理提供了思想启迪。

五、落实文化育人，倡导自主自为

在文化建设过程中，学校将活动育人与文化育人工作紧密结合，大力提倡"知行合一，体验内生"的德育工作理念，在实施路径上，鼓励学生"自主自为"，让学生成为主导者、实践者。

从2018年开始，顺德一中就尝试将体育艺术节等这样大型、系统性的活动放手交给学生去独立完成——学生自己策划，自己组织，自己找资源，自己做调配、教师则只需要做必要的指导和保障性的工作。近些年来，学校大型集体活动大体如是操作，同学们做得很完美，有声有色。

社团是"自主自为"的主要载体。顺德一中创设了多达47个优质学生社团，学生以兴趣为纽带，以社团为基础，以学校为舞台，开展丰富的活动，促进自身全面发展。社团的组织、章程、管理、运营等一应事宜，均由学生自主决定。得益于学生的才华和用心，不少社团，比如腾龙文学社、模拟联合国社等，都在高层次评比中获得佳绩，发展成为学校的品牌社团。

活动是"自主自为"的生长舞台。顺德一中打造了六大品牌文体活动：诗词大会、舞林大会、英语晚会等，不一而足。围绕活动，同学们自主策划，自主举办；围绕节目，同学们自编自导，自演自评。同学们在学校创设的属于自己的舞台上，张扬个性，各展其长，个性潜能得到释放，综合素质得以发展。

在顺德一中，学生正处于学校的正中央。

六、弘扬文化特质，打造体育品牌

校园体育是顺德一中"学会健身"校训的重要体现，也是学校文化建设的一朵奇葩。近年来，顺德一中着力培育了两个体育运动品牌：女排和女垒。

一中女排可谓之"胜利的精神符号"。成立于2018年的女排队伍有三个特点：一是社会支持，女排的组建得益于顺德本土企业长鹿集团给予的大力赞助；二是专业规范，女排姑娘平均身高达1.8米，以单招形式入校，以高水平运动员通道升学；三是成绩卓著，建队至今已经斩获九连冠，曾代表广东省出征全国中学生运动会。女排姑娘阳光俊朗的形象、敢打敢拼的勇气、每战必胜的决心是一中文化的重要内涵之一。

一中女垒被誉为"跃动的生命宣言"。女子垒球是顺德一中新近引进的一个体育项目。该项目在世界范围内有较好的群众基础，具有较大发展空间。垒球是目前区域内学校体育的一个空白点，顺德一中引入该项运动，具有首发效应。女垒在着装形象、协作配合、策略战术上均有比较明显的个性文化特征，具有鲜明的文化个性。女垒的组建，体现的是顺德一中崇美尚雅、开放包容、与时俱进的文化精神品质。

"求木之长者，必固其根本；欲流之远者，必浚其泉源。"文化育人已经成为新时期教育教学的重要课题。112年栉风沐雨，顺德一中以它丰厚的文化底蕴，培养了一批又一批卓有建树的学子。百年一中，正当年轻；使命担当，当仁不让。学校将继续以"为学生一生发展奠基"为核心，从"奠基"到"卓越"，依"卓越"而"奠基"，努力向前奔跑！

以真我酬岁月长安　以拼搏赴星辰大海

——写给顺德一中2024届高三成人的孩子们

十八而志，责有攸归；十八而志，大任始承。我要对即将迈入成人行列的2024届高三同学表示热烈的祝贺，向为同学们成长呕心沥血的家长和老师们致以崇高的敬意！

人类的成人礼仪式已有数千年的历史，中国自古以来就十分重视成人的教育。这是因为任何一个民族都希望，也必须将民族的延续、文化的传承、生存与发展、繁荣与强盛的责任，交付给这个民族和国家中最富有生命活力的群体。

我们还记得，2023年的中秋佳节，顺德一中30名优秀学子，奔赴杏坛镇青田村参加"烧奔塔"成人礼民俗活动。在"烧奔塔"的礼俗里，各家各户把一年来收集的枯枝、竹壳、蕉叶等，放到奔塔内燃烧。寓意通过烟火把自己家庭的厄运和疾病从奔塔送上天空，"奔"得越高越好，燃得越旺越好。仪式中，青少年要潜入河塘挖淤泥垒奔塔，中秋天气已逐渐变冷，以此考验青少年的身体承受能力，未来能否承担成人的责任和社会担当的勇气，以"冠礼"仪式向族人和社会宣布自己步入成年，能承担未来家庭和社会责任，延续家族荣誉。

不论是传统民俗，还是现代仪式，成人始终是人生路上的大事，始终承载着丰富的生命意义。

成人意味着感恩。感恩是一切善行的源泉。人要知其来路，方得始终。我希望同学们在自己内心许下一个回报父母、回报师长、回报社会、回报国家的愿望，而这个愿望应当是你们一生拼搏与奋斗的最原初的动力。

成人意味着责任。18岁是一个人生命中的里程碑，它意味着对他人、公众、国家和民族负有不可推卸的责任。我希望今天的仪式是你们成为完整意义上杰出公民的开端，是你们去独立品味和解读生命价值的开端，也是你们作为独立个体追求成功与幸福的开端。

成人意味着理性。所谓成长，就是带着理想仰望星空，带着理性脚踏实地；就是把原本看重的东西看轻一点儿，把原本看轻的东西看重一点儿；开始理解父母的艰辛、亲人的不易，尊重别人的付出，包容他人的缺点；对他人的认可和肯定，超过对他们的批判和指责；对自己的期许和自律，超过对父母的附着和依赖；明白精彩世界的立体多元，拒绝简单粗暴的非黑即白；拥有慈悲，传递善意，善于在"想做""应做"和"能做"之间平衡，懂得在"应然""实然"和"必然"之间取舍。

成人意味着悦纳。人生最美好的相遇是遇见自己，成人则意味着开启属于自己的英雄旅程。致力于人格的发展和完善是你终其一生的功课——你最珍贵，因为独一无二；你要自爱，始终生如夏花；你要真实，回归自由灵魂；你要自知，探寻人生意义。你要对生命充满热忱，有勇气承诺，也敢于负责；有所作为，也有所不为；能接受既成事实，也梦想拥抱未来；能登临高山之巅，也不惧人生低谷。

成人意味着坚忍。成人的世界，从来没有"容易"二字。世界上没有一个学霸不煎熬，没有一份工作不辛苦，也没有一处人事不复杂。一切苦难都是磨炼，一切坚忍都是新生。成长就是一遍遍地怀疑自己以前深信不疑的东西，然后推翻一个又一个阶段的自己，生出新的智慧和性情，带着无数的迷惘与不确定，坚定地走向下一个阶段更好的自己。

执宪法在手，扛责任在肩，告别昔日的稚嫩，迈向成人的大门。在这重要的时刻，我在送上祝福之余，也提几点希望：

一是立鸿鹄之志，树立远大理想。大家要在攀登知识高峰中追求卓越，在真刀真枪的实干中坚定理想，以理想之我照亮青春之路。

二是展骐骥之跃，担当时代责任。大家要有乱云飞渡仍从容的魄力，笃行实干，勇于担当；要踔厉奋发、勇毅前行，在实现中华民族伟大复兴的道路上勇担大任，以担当之我奉献青春力量。

三是践潜龙之行，勇于砥砺奋斗。我们目标是光明和远方，我们的征途充满荆棘与坎坷，我们的选择必然是沉潜蓄势不懈拼搏，千里之行久久为功。大家要在实现中国梦的伟大航程中奋楫争先，以奋斗之我谱写青春之华。

今天是个庄严的日子，更是个激扬的时刻。再过131天，同学们将迎来人生的重要关口——高考。18岁和高考相逢，如此的机缘巧合让人升腾起无数豪情。在过去的顺德一模、佛山一模考试中，大家初露锋芒，各有斩获；已经铺垫在前，自然功成于后。历经了高考的洗礼，我们的18岁才被赋予了更丰美的内涵！

"青春如初春，如朝日，如百卉之萌动，如利刃之新发于硎，人生最宝贵之时期也。"18岁是岁月的印记，以真我酬岁月长安；18岁是拼搏的年纪，以拼搏赴星辰大海。

衷心祝贺你们平安喜乐，长大成人；百日苦战，金榜题名！

热血的青春永不设限

——写在顺德一中2024届高三学生高考百日冲刺之际

2024年，对今年高三的同学们而言，是特殊的一年：十多年的苦战积累，如今终有一搏。今天又是特殊的一天：距离高考只有100天。在这个寒风迟迟不肯退却的早春，我却感受到了一份火热如炬的光芒。这份灼热源于我们共同奋斗的目标——高考。

诗人黄庭坚在他的诗作中写道："桃李春风一杯酒，江湖夜雨十年灯。"一句话写尽了人生十载的漂泊沉浮，也触动了世人的心。但我认为同学们的"学海沉浮十年搏"更让我感动。尤其是一中的三年，我们的老师陪同同学们经历了烈日酷暑下的军训，见证了同学们流汗流血不流泪的坚强；阶段考、期中考、期末考、诊断考、模拟考，见证了大家从初进校园的稚气青涩到现在的沉稳内敛。岁月和勤奋已然为同学们备足粮草。而如今，我们又一起吹响了冲刺百天的集结号。

百日是考验，剑拔弩张的厮杀即将展开；百日是煎熬，备考高原期的磨炼横亘眼前。对此，有准备不足者畏缩不前，有意志不坚者患得患失，有急躁焦虑者寝食难安。而我想对顺德一中2024届高三的同学们说："本是卓越学子，自当意志如山；百日竞渡在前，青春永不设限。"

励志演说家莱斯·布朗说："生命没有极限，除非你自己设置。"电影《肖申克的救赎》中有句著名的台词："怯懦囚禁人的灵魂，希望可以让你自由。"在实现理想的道路上，最大的遗憾就是自我否定。很多时候，最让我们后悔的事情并非失败，而是"你本可以"。

当你觉得自己行，整个世界都会为你让路；当你觉得自己不行，神仙也无能为力。过度的自我约束，扼杀了我们无数的潜力。要学会拒绝自我设限，因为我们比想象中的自己更优秀。

人生最大的贵人，就是努力向上的自己。生活不会辜负一个一直在努力的人。我从未见过一个早起、勤奋、谨慎、诚实的人，抱怨命运的不公。人最完美的状态，不是你天赋异禀，而是你从未放弃成长；不是你顺风顺水，而是你敢于打破边界，突破自我。

打破边界、突破自我，须有一往无前的勇气，"自信人生二百年，会当水击三千里"；须有水滴石穿的坚持，"黄沙百战穿金甲，不破楼兰终不还"；须有天高云淡的胸襟，"回首向来萧瑟处，也无风雨也无晴"。

从今天算起，距离高考还有100天；从今天算起，距离高考还有14个星期一。如果把每个周一都当成一次重启，那同学们就拥有了14种选择的可能。热血的青春永不设限，边界之外繁花似锦，无限的青春自带光芒。

祝福同学们厚积雄发，得心应手；百日竞渡，金榜题名！

第四章

深耕力行

聚焦"三新"，论道高考，共启新程

——参加佛山市2022年高考总结分析研讨会所得

2022年7月27日，佛山市高考总结分析研讨会在顺德一中召开。全市66所普通高中校长和分管高考工作的副校长齐聚一堂，共同分析梳理高考备考工作得失，研究部署2023年高考工作。佛山市分管教育的多位领导参加会议。

当天，我在全体会议上发言，汇报了顺德一中高考备考的主要措施和经验：坚持立德树人，明确办学理念；夯实专业素养，开阔教育视野；领会"三新"精神，科学务实规划；聚焦育人目标，把握高考关键。展望2023年高考，学校将从"聚焦'三新'，革新教学；效能导向，激活团队；爱心挖潜，过程育人"三个方向着力备考。

此外，我作为代表，还总结了本组学校（含石门中学、佛山一中等）2022年高考备考的六大经验以及把握"五性"高效备考的下一阶段部署。内容如下。

一、主要经验

（一）理念引领，树立奋进灯塔

无论是石门中学的"朴素教育"理念，佛山一中"和善而坚定"的教育理念，还是南海中学的"美好教育"理念，三水中学"严格但不严厉"的理念，以及我们顺德一中的"为学生一生发展奠基"的理念，都无不为学校教育工作指明了方向，廓清了前路。

（二）队伍建设，浇筑事业根基

在分享中，各校都重视高三教师的队伍建设，佛山一中首席教师的引领作用效果显著；顺德一中的高三教师敬业奉献，众多教师舍小家为大家的举动令人感动；佛山三中的集体备课、同课异构落到实处；李兆基中学的蜜蜂团队精神——勤奋、团结、奉献、专注，令人钦佩；南海中学的"双岗制"，细致入微。他们的实践经验告诉我们，一支管理有序、运作严谨、作风优良的教师队伍，是取得高考成功的最基础保证。

（三）精准教学，把握成功钥匙

多数学校在分享中都提到"三年统筹"的重要性。当前高考的新变化、新趋势，客观上要求我们不能再沿用"时间＋汗水"的传统备考策略，而应该强调备考的针对性、精准性、效益性甚至是艺术性，如何用同样的投入获取更大的产出，是高考备考必须回答的问题。佛山一中整理汇编上万字的高考备考手册，佛山三中制订"自主复习周计划表"，南海中学编制《高三级学科规范要求》等，都是非常成功的尝试。至于尖子生、学困生、临界生的培养，多数学校都实行类似顺德一中"一生一案"的工作，精准高效。国华纪念中学以考为镜，及时发现、解决问题，实施优生动态管理，把握了工作的"牛鼻子"。

（四）对标"三新"，启动提质引擎

各校均在发言中谈到新课标、新教材、新高考情境下的教学和备考工作的新特点，而今年高考数学学科考试难度的现状，更是为学校教学带来更深刻的思考。观念的更新，培训的深入，对高考的研究和精准对策的把握，始终是提质增效的重要引擎。

（五）高标德育，激发持久动力

德育也是高考"硬核"要素。评选年级之星、尖子生人际关系教育、违纪学生听课反思制度、千人户外朗读活动、大考后趣味运动会、千人同跳兔子舞、千人玩转贪食蛇、40公里远足、学生动态心理管理等，事实上都在为高考做贡献。

（六）多方保障，赋能高效备考

各校都谈到，现今高考是合力高考。学校温暖有力的后勤保障必不可少；校友、家长、专家、社会公益慈善力量的合理介入，也在为高考积极赋能，发挥了保驾护航的作用。

二、努力方向：高效备考把握"五性"

（一）主动性，应对全新挑战

2023年将迎来新高考与新教材相结合考试模式的元年。新的挑战扑面而来，如何化挑战为先机？对高考进行主动研究和深度把握，是各校的共识。

（二）基础性，把握备考原点

佛山一中、石门中学等名校在交流中不约而同地提到，抓基础始终是备考最可靠的原点，以不变应万变是备考的真谛所在。

（三）整体性，实施多方联动

新高考背景下的备考工作，需要更大限度整合资源，形成合力，建设备考共同体。同层次学校之间的战略联盟，打开校门悦纳新朋友，利用智慧课堂、大数据加持备考，越来越成为大势所趋。

（四）人文性，调动积极因素

真正关心关爱老师和学生，将"以人为本"落到深处和实处，师生最大限度发挥潜力，是高考成功的一大关键。

（五）发散性，促进多元成才

对标深圳等地，我市尖优学生成才通道过于单一，尤其是竞赛通道存在明显短板。竞赛、艺考、港澳台侨生考试、招飞、高水平运动员等都是理想的成才路径，百花齐放，终将花开满园。

当天的研讨活动规格高、规模大，内容丰富、主题突出，各校校长交流热烈，成果斐然。我校作为活动承办单位，安排有序，服务热情，工作到位，全体一中人在承办此次高规格活动中所展现出来的热情、高效和素质，也赢得了领导和校长们的一致好评。

以卓越高中之名，育拔尖创新人才

——顺德一中"双高"发展侧记

采得百花成蜜后，为谁辛苦为谁甜。

——题记

百年老校佛山市顺德区第一中学，近年来借力市卓越高中创建的历史机遇，乘势而上，高质量发展，力抓拔尖创新人才培养，取得了应有的成绩，为区域"双高"建设提供了顺德样本。

在2022年高考中，顺德一中成绩斐然，物理类与历史类各有一名学生被北京大学录取，另有众多学生被"C9"院校、"双一流"名校录取。这是学校科学定位、统筹规划，聚焦"拔尖创新人才培养"三年计划的可喜成果。

一、初高衔接一盘棋，强师名师助成长

在上级政府支持下，顺德一中与区内多所初级中学建立"2.5＋3.5"课题联盟学校，积极探索初高中贯通培养人才机制，打通义务教育到高中教育的无缝成长通道，逐步形成了一整套行之有效的培养策略。学校选拔各学科名师强师，组成初高中贯通的"拔尖创新人才培养"导师团队。在不影响初中教学且培养对象学有余力的情况下，在课余时间，对他们进行集中教学、集体培养。在培养方案上，顺德一中注重针对培养对象拓宽学习内容，拓展学习维度，磨砺思维深度，为今后的高中学习打下了必要且深厚的基础。

事实上，参与贯通课程培养的学生，绝大多数在顺德一中自主招生考试

中取得了耀眼成绩，并顺利升入顺德一中"卓越班""领军班"等拔尖人才培养班级。高中伊始，这些同学即站在更高的平台上，向着更高的目标迈进。这项引领全区、辐射佛山的初高中贯通培养计划，顺德一中已探索多年，并形成自己独特而行之有效的一系列培养机制，成效显著。

二、内部机制多创新，各发所长促拔尖

顺德一中注重提升管理工作效益，建立并逐步完善了扁平化管理机制，将重点工作中心化——设立竞赛工作指导中心、升学指导中心、课程开发中心等八大工作中心。其中，竞赛工作指导中心负责选拔各学科尖子，并选派学科竞赛教练进行指导培养，灵活的工作机制确保了培养效果。

除了以学科为主线的竞赛培养，学校还组建了"领航班"。领航班的学生是从各行政班中以"综合素养突出"为标准进行选拔的。教学组织上，学校遴选专家型明星教师，聚焦创新思维，高标设计课程，促进培养工作高质量、高效率、高品位发展，真正做到让拔尖人才领先一步。

不仅如此，学校还组建了"三大院"，助力拔尖创新人才培养。以自然科学素养拓展为宗旨的"少年科学院"、以数学素养拓展为宗旨的"九章书院"和以文学、社会科学素养拓展为宗旨的"凤山书院"等，在拔尖创新人才培养上发挥了重要作用。此外，学校还开设了优质校本课程80多门。

通过多管齐下，合力并举，顺德一中涌现了一大批拔尖创新苗子。近年来，已有百余人次获得全国高中五大学科竞赛、英语能力竞赛、作文大赛等省级及国家级奖项，其中2018年物理奥林匹克竞赛和化学奥林匹克竞赛，全佛山市唯有顺德一中学子摘得省一等奖。

三、整合资源为我用，多元成才畅通道

顺德一中与国内顶尖高校合作，签订了"卓越教育创建研究协议""数学拔尖创新人才培养协议"，设立实验项目，建设师资培训基地，打造高端学科课程，筹建学科创新实验室。学校还与大疆等知名科技公司及机构合作，开展课外培训及讲座等活动。这些项目均以"拔尖创新人才培养"学生

群体为第一实施对象，以高端项目引领高端人才，极大地保证了高水平、高质量的培养效果。

顺德一中积极参与教育部和中国科学技术协会共同组织实施的"英才计划"。近年来，已有数十位同学获得英才计划培养对象资格，并顺利结业。在参与过程中，他们师从顶尖高校著名学者，参与科技前沿相关知识学习与专题研究，极大地拓宽了视野，激发了兴趣。

依托前述"少年科学院"，顺德一中邀请国内相关领域有极高造诣的科学家担任导师。他们定期来校开展培训讲座，指导学生学习。同时，少年科学院还选拔符合条件的学生，积极参与中国科学技术大学每年的少年班、少年创新班的招生培训与招生考试，并在此过程中取得佳绩。在少年科学院的带动下，顺德一中学子在各项科技创新大赛中频频摘得大奖。近年来，已有数十人次获省创客大赛特等奖、国际中学生科技资讯大赛金银奖、WER2017世锦赛能力挑战赛冠军、世界机器人大赛总决赛银奖等。

此外，顺德一中近年来积极推行"多元升学计划"，引领学生积极申报世界名校。目前，该项计划包括港澳高校升学计划、法国公立大学升学计划等。

下一阶段，在佛山教育进入"双高"建设的新时期，顺德一中将秉承"为学生一生发展奠基"的办学理念，在优质教育全员覆盖的基础上，着重在学科竞赛、强基计划、港澳台生教育、美术及传媒生培养等方面发力，持续做好拔尖创新人才培养工作，在"为党育人、为国育才"的教育新征程中，做出更大贡献。

运动绽放生命光彩

——顺德一中"拔萃篮球公园"启用有感

秋高气爽、硕果飘香，正是运动好时光。2022年11月，由广东拔萃教育集团捐资修建的顺德一中拔萃篮球公园正式落成使用，学校迎来了拔萃集团等各方嘉宾和一批优秀的小学生运动员，我心中的感激和喜悦之情难以言表。

在一所学校如此高规格地建设一个篮球公园，是一个优秀的学校建设创意：篮球作为一项普及的运动，无疑是众多孩子的最爱，篮球公园设置在宿舍生活区，为学生运动提供了便利。它还是一个优秀的体育文化创意：三人篮球时尚、动感、刺激，场地鲜艳色彩、绘画和文化点缀，渲染出浓郁的热烈拼搏气息，"生命在于运动""爱拼才会赢""运动绽放生命光彩"等教育内涵孕育其中。它同时还是一个学子回馈母校、奉献社会的爱心教育工程：我校优秀校友杨冉、杨力先生在大展宏图、成就事业的同时心系母校，积极回馈社会，这份无私的善举将根植于更多学子内心深处，迸发出更多积极向上的正能量。

少年强则国强，青少年的健康是实现强国梦的保障。遵循"学会健身"的校训，近年来，我校按照健康体育、个性体育、欢乐体育、绿色体育的工作思路，开展了形式多样的体育活动，如阳光大课间活动、篮球、足球、排球、游泳、软式棒垒球、定向越野、地壶球等运动项目，"三年一千里，一起向未来"师生跑步健身计划等，用实际行动关爱、关心每一位师生的身心健康，让运动成为习惯。同学们在各级各类体育比赛中均取得优异成绩，产生了广泛的社会影响。顺德一中女排取得广东省赛九连冠，成为广东省第一支中学生省赛大满贯冠军队；顺德一中女子垒球队为佛山市代表团夺得省运会第四十二金，创佛山垒球项目广东省运会最好成绩；顺德一中游泳队参加佛山市第十届中学生运动会游泳比赛获团体总分第二名，并连续多年获顺德区中小学生游泳比赛团体总分第一名。优异成绩的取得离不开为我校体育工作辛勤付出的老师们，也离不开日夜拼搏、刻苦训练的同学们。

"文明其精神，野蛮其体魄。"这是教育的内涵，也是生命的真谛。新时代向新青年提出更多的新要求，也为新青年提供了更大的舞台。在这个色彩斑斓的篮球公园里，愿同学们都能绽放出多姿多彩的青春！

点亮科技之光　培育拔尖人才

——参加顺德一中教育集团—嘉腾机器人拔尖创新人才培养合作项目
启动仪式有感

2022年12月14日，顺德一中迎来了一批尊贵的客人——陈友董事长和他所带领的嘉腾机器人管理团队。我们将在这里签署双方关于拔尖创新人才培养的双边协议，并将按照协议，开启一系列富有战略意义的教育教学合作。

顺德作为制造业强区，众多的明星企业在取得了令人惊叹的发展业绩的同时，也积淀了丰富的教育资源。加强与区内科技企业的紧密合作，是学校开放教学、加强学生社会实践、培养创新拔尖人才的一项重要工作。让我们感动的是，顺德区教育局、区科学技术局的领导同志也亲临今天的活动现场，为我们加油鼓劲，在寒意正浓的隆冬，这恰似一股暖流，令人感动。

嘉腾是一家全球领先的AGV机器人与智能物流系统提供商，位于顺德高新区，专业生产搬运机器人，目前有超过60家的世界500强企业使用过嘉腾的产品。更加难能可贵的是，嘉腾公司重视产品研发，解决了很多"卡脖子"问题，是科技创新型民族企业和民营企业的杰出代表。

2022年11月7日，我们顺德一中的全体行政人员，受邀参观了嘉腾公司。陈友董事长偕董事会全体成员予以接待，副总裁陈洪波全面、生动、详细地向我们介绍了公司的情况，双方就项目合作达成初步意向。嘉腾公司高层管理团队浓烈的家国意识和创新精神，"彼此忠诚、相互成就"的经营理念，热心公益、捐资兴学的教育情怀以及严谨务实、谦虚敬业的工作作风给我们留下极其深刻的印象。

经过双方的有效沟通，我们达成了若干合作意向：一是将嘉腾公司列为顺德一中学生的校外研学基地，承接我校学生科技创新类社会实践和研学活动；二是在顺德一中设立"嘉腾大讲堂"，作为学校"五个一百工程"中一百场科技报告会的冠名载体；三是共享教育资源，尤其是借力嘉腾公司丰富优质的博士、专家资源，助力学校课程建设。

在这一美好愿景下，我们双方再次相聚在这里。当前正值顺德一中建校111周年的校庆之际，我们2022年校庆主题是"创新与人文并举，一中共时代辉映"。在此时间节点，我们举行双方合作的签约、揭牌仪式，一切水到渠成，应时应景。就双方今后的合作，我有几点设想。

一、我们的合作以"为党育人，为国育才"为价值导向。我们要鼓励和引导我们一中人，学习嘉腾人的国际视野和家国情怀，学习嘉腾人产业报国和以民族昌盛为己任的责任担当，尤其是在"卡脖子"的领域，贡献一中人的才情和智慧。

二、我们的合作以拔尖创新人才培养为主要内涵。顺德一中是一所区域卓越高中，我们提出要建设"立标省内，领跑湾区的高品质岭南名校"，其中拔尖创新人才的培养是关键，这与嘉腾科技创新的企业特质不谋而合。

三、我们的合作以长远恒常为建设基调。合作谋长远，我们希望双方能不断拓展合作领域，深度共享各类资源，建设校企合作共同体，实现合作效益的长期化、最优化和最大化。

我们相信，一中与嘉腾携手，必将未来可期！

奋斗无穷期，再跃新台阶

——为顺德一中"双高"特色项目喝彩

2023年初，为了全面提升普通高中办学水平和育人质量，佛山市教育局启动了普通高中多样化有特色发展的"双高"行动创建工作，到2025年，通过打造一批市级高水平特色项目、市级特色项目、市级特色培育项目，促进普通高中分类发展，构建普通高中多样化有特色高质量发展新格局，形成百花齐放、各放异彩、整体跃进的普通高中公平发展新生态，实现全市普通高中育人质量、办学水平和可持续发展能力位居全省前列。

"双高"行动创建以多样特色为抓手，加强高中与高校对接，发展高水平、高质量的普通高中教育，对获评市级高水平特色项目、市级特色项目和市级特色培育项目三大项目的将给予经费和自主招生政策支持。

顺德区教育局积极响应号召，动员区内各普通高中积极参与"双高"行动项目评审，通过组织专题培训、邀请专家把脉等形式，指导各校明确申报方向，规范申报材料。

结果显示，顺德共有32个项目通过市级评审，占比达43.8%，通过率近九成。其中，通过市级高水平特色项目立项评审6项，占比37.5%；通过市级特色项目立项评审19项，占比51.35%；通过市级特色培育项目立项评审7项，占比35%。三大项目获评占比均居五区之首。

顺德一中有2个项目成功入选。

项目一：数理项目入选市级高水平特色项目

顺德区第一中学围绕拔尖创新人才培养总体目标，凸显数理类特殊人才的系统培养，依据高校数理基础学科专业选才标准，构建高质量"国家课程＋竞赛课程＋强基课程＋实践课程＋拓展课程"五维轮动的"2.5＋1＋X"（"2.5"指的是初三半年和高一高二两年，"1"指的是高三一年，"X"指的是大学若干年）多元贯通高阶数理类课程体系。

学校着力在"数理竞赛、数学建模、强基课程、大中衔接、数理文化"五个方面深耕课程内容，引领区域基础教育尖优生培养高质量发展，探索"双高"贯通培养实施路径。

学校依托顺德一中少年科学院、九章书院、竞赛工作指导中心和学科课程开发中心（两院两中心）的建设，把多元贯通高阶数理类课程教学工作作为拔尖创新人才培养的重要抓手。

目前引进数理类正高级教师3人，数学竞赛教练团队4人（含柔性引进1人、北京大学应届研究生1人），拟引进物理竞赛金牌教练2人；组建了数学建模队伍，通过模型、算法授课和建模思想渗透，组织学生参加国内外高级别竞赛，全面提升学生的综合能力与核心素养；以国家育人目标为导向，开设了强基计划课程，通过课程教学培养学生高阶数理思维、科学创新素养和综合实践能力，探索多维度考核评价和多元升学模式；建立与中山大学、华南师范大学等高校"大中"课程衔接的桥梁，促进拔尖创新人才培养的纵深发展，探索具有鲜明特色的大学数学先修课程体系。

近五年来，学校办学成绩、五大学科竞赛成绩优异，近50人获得全省一、二等奖。数学建模团队是佛山市首个数学建模团队，连续在国际数学建模挑战赛（IMMC）、上海地区数学建模联校活动、国际中学生数学建模中华赛区总决赛中取得佳绩，并作为佛山唯一高中代表受邀参加"第四届中法中学生数学交流活动"。

学校力争在三年内打造一支全市顶尖、立标省内、领跑湾区的高素质数理竞赛教练队伍，培养出稳定数量的数理竞赛尖优生，力争一批学生通过学科竞赛入围名校强基计划。未来三年，学校将积极探索学科竞赛队伍建设，以及数理高阶课程、建模课程和中学大学衔接课程体系设置等方面的新思路。

项目二：科技项目入选市级特色项目

顺德一中上接高等院校，下连初中学校，发挥集团化办学优势，服务佛山教育高质量发展核心内涵建设，申报了"科技人才教育""双高"行动方案，通过夯实与创建、优质与拓展、互联与融通，孵化符合顺德科技制造基地的基础教育人才培养新模式。

学校围绕拔尖创新人才培养总体目标，聚焦科技教育系统发展，依据高校科技类专业选才标准，构建高质量"国家基础＋多元科技＋校企实践"的贯通培养高端课程体系，达成"理念、课程、平台、文化"四位一体育人目标。

学校于2020年成立了科技教育多项目组联合培养的少年科学院，以项目组科创实践和研究的活动方式，为学校科技教育和学生科技创新活动搭建了平台。学校现有从事科创教育专职教师3人，兼职教师5人，数理化复合交叉指导教师5人。其中，正高级教师3人，清华大学、北京大学研究生2人。计划引进科技指导类专任研究生教师1人，学科交叉类清华大学、北京大学研究生4人。学校现拥有科学标准化科技教育类专用教室4间，物理实验室11个，各类实验室共25个，教学仪器设备总价值约2000万元。

学校与各大企业进行技术合作，致力于推动学生参与科技创新实践、提升工程实践能力、提高团队协作水平、培养创新创业精神，拟研发机器人与人工智能教学实践平台。学校组织学生参加机器人科普讲座，现场观摩各类机器人领域的赛事，组织学生走入企业开展科普研学、科技主题夏令营和冬令营活动。企业选派科技研发精英入校服务，进行"少年科学院"项目共建，共同举办机器人相关赛事，等等。

目前，学校的少年科学院包含以自然科学为主的10个项目组和以社会科学为主的5个项目组，两年时间里各项目组成绩斐然，学生获得多元化综合发展。

接下来，学校将围绕科技教育的目标、内容、组织、评价等，把教师、学生和环境资源进行有序统整，实现与传统教育的相互依存、共同发展。通过三年的探索，学校形成以"理念、课程、平台、文化"为一体的区域品牌特色。

接续奋斗无穷期，昂首跃上新台阶。借力"双高"，顺德一中再出发！

在寻根问道中洞见世界，成就自我

——寻根顺德校本课程学习动员报告

2023学年第一学期，我们寻根顺德校本课程开课了，作为寻根顺德校本课程的主要开发者和统筹者，我有必要在此跟同学们讲讲我们关于这门课程的总体设计和相关工作思路。

我从三个方面展开：一是何为"寻根顺德"，二是为什么要"寻根"，三是如何"寻根"。

第一个问题：何为"寻根顺德"？从字面上来理解，寻根就是探寻根源、寻找根脉。寻根顺德，就是我们顺德一中的学子，通过校本课程的形式，去研究顺德的自然地理、人文风情、历史文化，找出顺德文化的精髓，找到顺德生生不息、繁荣昌盛的文化密码，为我们更好地建设顺德提供精神动力和智力支持。

所谓"寻根顺德"，至少有三个方面的内涵：

1. 情感层面。"寻根顺德"是对顺德这片土地的敬畏表达。顺德是一片神奇的土地，全区806平方公里的面积，在中国地图上仅仅是星火一般的存在。但是，这片土地自古以来就繁荣富庶，充满生机活力，引领岭南神州。这里是全国乃至世界久负盛名的状元之乡、美食之都、南国丝都、家具之都、家电之都、花卉之乡、曲艺之乡、翰墨之乡……凡此种种，不胜枚举；改革开放以来，顺德更是凭借强劲的经济发展成就，令世界瞩目。顺德连续12年名列全国百强区榜首，拥有2个世界500强企业，顺德人被称为"可怕的顺德人"，这些都是顺德这片土地的神奇之处。我们或者生于斯、长于斯，或者在这里成长、求学，或者在这里工作、生活，我们都深深地热爱这片土地，我们有必要探寻这片土地背后的故事、深层的根脉。

2. 知识层面。"寻根顺德"是对顺德的一次重新体认和知识重构。我们对顺德的认识，已经有了不少积累，尤其是诸多像李健明先生这样的顺德学者，更是怀着对乡土的热爱，留下了许多研究顺德历史文化的成果。但是，这些成果是浩如烟海的，也是分散错落的。我们校本课程要做三件事：一是从"寻根"的视角对这些研究材料进行二次整理，紧扣中心；二是站在巨人的肩膀上对这些成果进行深入剖析和挖掘，推陈出新；三是按照我们的逻辑架构，探寻出顺德文化简约而清晰的主线，大道至简。

3. 价值层面。"寻根顺德"是对顺德文化的深层溯源，科学辨析，学以致用。作为一门校本课程，我们对其定位不仅仅是获取和梳理顺德文化，更重要的意义还在于批判反思，去伪存真，经世致用。我们要立足于"当今世界百年未有之大变局""新时代"等语境，研究顺德文化如何顺应时代；要立足于推进中国式现代化和中华民族伟大复兴，研究顺德文化如何赋能未来。只有这样，我们的研究才能跳出故纸堆的束缚，形成真正有分量、有质量、有价值的成果。

从以上三个方面立意，我们搭建了寻根顺德校本课程的基本框架。寻根顺德是一个系列化的校本课程，在这一总课程的统率之下，我们本学期重点开展五个子课程的研究学习，分别是顺德传统文化、顺德美食文化、顺德地理文化、顺德创业文化、研学顺德。我们充分动员和利用一切资源，采取引进来、走出去相结合的方式开展课程学习；五个子课程相对独立又彼此贯通，我们采取集中授课和分别授课相结合的方式，达成立德树人的学习目标。

第二个问题：为什么要"寻根"？关于"寻根"的重要意义，刚才已经有所阐述。在这里，我们单单从教育本身的逻辑来讲述四点。

1. 文化自信，家国情怀。文化自信是更基本、更深沉、更持久的力量，家国文化则是中华优秀传统文化的重要组成部分，是增强民族凝聚力的力量之源。学生通过系列课程探求顺德鲜明而厚重的地域文化特质、流变及其影响，通过分享顺德的传统故事，了解顺德的历史文化，探究顺德城市的传统与现代气质及顺德人特有的精神基因，从而尊重和学习家乡优秀文化传统，构筑热爱家乡的情感，涵养和赓续深藏在内心深处的家国情怀。

2. 素养立意，多元育人。依据新课标的新理念和新要求，教学将以核心素养为指向，依据新的教学结构重组各种教学要素。寻根顺德校本课程将以问题解决为出发点，通过做中学、用中学为导向的能力培养模式以及应用驱动、且做且学的整体性学习，关注学生观念领悟的深刻性、迁移性和学习的过程，使课程学习方式丰富多彩，从知识立意、能力立意、生活立意走向素养立意，实现多元化育人。

3. 知行合一，体验内生。"立德树人"是教育的根本任务，"为学生一生发展奠基"是顺德一中的办学理念，"知行合一，体验内生"是学校的育人理念。寻根顺德校本课程将会以"请进来、走出去、动起来"的学习方式，做到知、情、意、行的有机统一。

4. 项目学习，知识构建。项目式学习是当前全球教育创新的一个热点话题，是一种通过对真实的、复杂的问题进行探究，以小组合作的方式进行项目实施，最终以产品形式呈现，使学生在参与过程中逐渐建构知识网、掌握必备技能、实现综合发展的教学模式。教师需要精心设计项目主题与任务，使学生在真实情境中开展较长时间的探究活动，以此来建构知识体系并提高学习能力。

第三个问题：如何"寻根"？我们提出四点主张。

1. 向典籍寻根。顺德地方志是我们研究的重要资料。地方志是全面、系统地记述本行政区域自然、政治、经济、文化、社会的历史与现状的资料性文献，我们要学会利用这类基本的工具书，获取权威、准确的资料。此外，近几十年来，学者们编辑的关于顺德的书籍文献资料也不在少数，且佳作不断，均值得品读。

2. 向贤达寻根。我们发挥顺德一中的资源优势，邀请了包括李健明老师在内的数十名顺德知名文化贤达作为我们的课程顾问，或者将其直接主讲某一章节的内容。他们是行走的顺德历史，很多人是顺德诸多大事件的亲历者甚至是决策参与者，他们的参与，能为课程提供有力支撑。

3. 用脚步寻根。我们将带领课程学员走出校园，进入顺德各大研学基地，以亲身体验的方式，获取第一手调研资料。我们也鼓励我们的学员，能更多更好地利用寒暑假、周末的闲暇时间，迈开双腿，目光向下，深入田间地头、工地、车间，开展调研，形成报告，这将为我们课程的开展注入更为鲜活的力量。

4. 向深处寻根。我们的校本课程与浅层的旅行旅游、乡土观察、研学活动具有本质区别，我们鼓励同学们在系统学习的基础上，深度探究、深度思考，在"开口一米处，向下万米进行探索"，形成有思想含量、有创新精神、有学术价值的研究成果。

牵手同济，共育英才

——顺德一中"同济大学周"活动记略

为深入贯彻党的二十大精神，全面落实《佛山市普通高中多样化有特色发展"双高"行动方案》的相关要求，我校牵手同济大学，于2023年11月13日至18日，开展"同济大学周"系列活动。

同济大学是一所历史悠久、声誉卓越、特色鲜明、国际化的综合性大学。"同济大学周"是我校首次牵手高校开展的专题系列活动，旨在强化学生理想前途教育，践行卓越成长的高雅价值追求，细化生涯规划课程教育，学习了解高校专业发展前景，在职业生涯规划和多元升学路径方面积极探索。

本次活动时间持续一周，贯穿十场专题活动，同学们可以通过"从高中到高校——高中生涯规划与多元发展路径"主题班会、"项目课程工作坊"微专题课程学习、"真人图书馆"活动、"同济大学知多少"互动展位、"同济大学特色培养解读"活动等十大活动中了解同济，锁定名校，更精准地做好学业规划。

本次"同济大学周"系列活动也得到了同济大学领导与老师的大力支持，同济大学设计创意学院党委陈书记与招生专员赵老师也来到顺德一中。其中，陈书记还为全校师生做了一场高水平的演讲。

在本次活动启动仪式中，同济大学向顺德一中授予"卓越生源基地"牌匾，不仅标志着同济大学与顺德一中间的合作得以深化，而且更为两校未来的合作奠定重要基础，强化我校高中人才培养和同济大学人才选拔对接交流，持续探索高等教育与高中教育衔接、合作、融合发展的有效途径。

我们寄望以此次授牌与"同济大学周"活动为契机，进一步加强沟通交流，为拔尖创新人才的培养和选拔搭建更加广阔的平台。

相信我们在"双高"行动的背景下，实现高校与高中的强强联合，高中可以构建起高校高端人才培养基地，高校也让高中学生提前感受大学生活。相信在未来的合作中，我们可以实现各类优质项目的下沉式培养，实现国家高素质人才的精准输送。

附：陈书记在顺德一中的演讲《与祖国同行，以科教济世》

各位老师，各位同学：

大家上午好！

非常荣幸，应谢校长邀请来到有着深厚历史底蕴的顺德一中，和大家交流学习，今天我交流的主题是"与祖国同行，以科教济世"。

同济大学初创于1907年，和顺德一中都是百年名校，至今已有116年历史。同舟共济、攻坚克难、自强不息已经深深镌刻在同济的基因中。

建校初期，立志救国济世图强。从医学堂到医工学堂，不断拓展办学。"同舟共济，振兴工艺，同舟共济，健康身体，同舟共济，格物穷理"。在以后的岁月里，同济师生筚路蓝缕走来，虽历经坎坷而精神永存。1937年，同济大学理学院成立，然而美丽的校园却遭日寇轰炸被夷为平地。跨过断壁残垣，同济师生背起行装一路走向西南，烽火中辗转九省，六次迁校，最后在四川宜宾的李庄驻扎下来。民族危亡之际，同济师生或投笔从戎、浴血沙场，或修路铺桥、工程报国，或潜心深造，成为重建家园、功勋卓著的国家栋梁。

中华人民共和国成立后，致力于国家建设发展。为适应国家经济建设需要，同济的医学、化学、测绘、造船等优势学科支援其他高校；全国十多所大学土木及相关学科的精英会聚到同济旗下，不同学术流派兼容并蓄，发展成为国内土木建筑领域规模最大、学科最全的工科大学。

1960年，位居全国重点大学行列。改革开放之初，同济大学再次站到了伟大社会变革的前列，恢复与德国的传统联系，建设多科型大学。在国家大建设的热潮中，处处可见同济人的身影：宝钢工程几经波折创造辉煌，黄浦江大桥实现完全由中国人设计建造……

进入新世纪，投身中华民族伟大复兴。多年来同济人接续奋斗，同济已经成为一所特色鲜明，在海内外有较大影响力的综合性、研究型、国际化大学，综合实力位居国内高校前列。先后进入"211""985"工程建设高校、中管高校以及世界一流大学建设A类高校行列。学科设置涵盖工学、理学、医学、管理学、经济学、哲学、文学、法学、教育学、艺术学、交叉学科11个门类，有12个国际合作平台学院，与200多所海外高校签订合作协议。1982年本科毕业于路桥系道路专业的朱永灵校友，是这一时期的杰出代表，作为港珠澳大桥这项"超级工程"的总负责人，他倾注了15年的美好年华，和团队一起，创造了一个个奇迹。他骄傲地说："港珠澳大桥是中国桥梁走出去的亮丽名片，所有的核心技术都掌握在我们中国人自己的手中。"

同济116年的办学历史，就是一部教育强国的奋斗史。每当危难来临之际，总有一种力量在支撑，使同济的旗帜不倒，步伐不停；每逢机遇降临之时，总有一股激情在涌动，使同济的意志坚定，奋勇向前。

同济的100年，是与中华民族命运休戚与共的100年，是与祖国科教事业心手相牵的100年，是与上海城市发展相濡以沫的100年。这里走出了五卅运动中的反帝先锋、以诗歌为革命号角的红色诗人、国家最高科学技术奖获得者、中国肝胆外科创始人、"复兴号"高铁总设计师，以及大批杰出的政治家、科学家、教育家、社会活动家、企业家、医学专家和工程技术专家。这里试跑了全球最快的时速600公里高速磁浮试验样车，参与了雄安新区规划建设和国产大飞机C919关键技术研究，领跑了长三角生态绿色一体化发展示范区建设，研发了水陆两栖飞行器"同济飞鱼"，承担了海底长城——国家重大科技基础设施海底科学观测网的建设。这里为国家重大建设源源不断地输出"同济智慧"：从大洋钻探到探月工程，从人民城市建设到乡村振兴主战场，从风土建筑保护到乌梁素海治理……处处印刻着"同济烙印"。

展望未来，同济大学将始终秉承"与祖国同行，以科教济世"的使命，践行"同济天下、崇尚科学、创新引领、追求卓越"的新时代同济文化，以一流的师资、一流的环境、一流的服务，培养堪当民族复兴大任的时代新人。

最后，真诚期待更多顺德学子加入同济大家庭！秉承"学会做人、学会求知、学会办事、学会健身"校训的你们，一定会爱上同济，因为我们拥有共同的历史密码和未来追求。

互联·深度，呼应未来

——顺德一中教学方式革新初探

社会学家杜尔凯姆说："随着职业的功能逐步专业化，每个人的活动领域也会更加局限于其相应职能的界限，所以，我们绝不能忽视以职业为代表的大部分生活。"因此，在职业生活中，也就有相应的职业文化渗透其中。

"人民教育家"于漪在60多年的语文教学上从来不重复自己。她有一句名言激励着广大教师坚持教学反思和职业反思："我上了一辈子课，教了一辈子语文，但还是上了一辈子深感遗憾的课。我做了一辈子教师，一辈子在学做教师！"

著名教育家第斯多惠说："教学的智慧不在于传授本领，而在于鼓励、唤醒、鼓舞。"

教育大师们的名言如雷贯耳，都在叩问我们同一个问题：我们需要什么样的教学组织形式？

顺德一中的答案是"互联·深度"。

一、问题的缘起

传统教学模式已经不适应新时代教育要求。传统课堂的不足在于：基于经验的教学预设、整齐划一的学习进程、形式化的交流互动、缺乏课内外协作互助、粗略滞后的评价反馈。

如何实现百年老校的跨越式发展？这是我们面临的历史责任。基于此，我们聚焦于以下问题。

（一）如何既能提升学生学业水平，又能引导学生紧跟时代、面向未来，以满足学生个性化的发展需求，全面发展学生的核心素养？

（二）如何突破传统教学模式，创建培养学生创新精神与实践能力发展的教育理念与模式？

（三）如何结合学校、企业、家庭以及社会各界力量，努力将互联网的技术优势转变成教育优势，共同推动教育创新发展？

由是，我们期待构建一种倡导素养为本、根植深度学习、推行智慧教育、搭建互联平台、应用互联手段、服务终身发展的教学组织形式。

二、"互联·深度"的概念解析

（一）互联

从教育学视角来看，我们所理解的互联有两层含义。一是狭义上，指在互联网、大数据、云计算、人工智能、虚拟现实等先进的技术手段支持下，创设超越时空限制的智慧教学环境，实现教育教学各元素互联互通，实现课堂教学的信息化、智能化、泛在化。二是广义上，指以学习者为中心，人与人、人与物、物与物的互联，为学习者提供无限丰富的学习资源。

（二）深度

深度学习是与浅层学习相对而言的概念。浅层学习是机械的、接受式的，以记忆和复制为特征，是不求甚解的学习。深度学习则是主动的、有意义的学习，它注重理解，以反思、批判性思维能力为培养目标，倡导主动性、批判性、反思性的有意义学习，具有三个基本标准，即学习的充分广度、充分深度和充分关联度。

（三）"互联"框架下的"深度"的具体内涵

这里的"深度"，特指在信息技术条件下，学习者在理解学习的基础上，批判性地学习新的思想和事实，深度加工知识信息，主动构建个人知识体系，并有效迁移到新情境中进行决策和解决复杂问题，最终促进学生学习目标的达成和高阶思维能力的发展。

三、"互联·深度"的理论依据

（一）党的教育方针

教育必须为社会主义现代化建设服务、为人民服务，必须与生产劳动和社会实践相结合，培养德智体美劳全面发展的社会主义建设者和接班人。

（二）党的二十大相关精神

党的二十大报告指出："坚持为党育人、为国育才，全面提高人才自主培养质量，着力造就拔尖创新人才，聚天下英才而用之。"

（三）学校的办学思想

顺德一中一以贯之坚持"为学生一生发展奠基"的办学理念、"以学为本，学以致远"的教学理念以及"聚焦课堂，高效提质"的教学指导思想。

四、"互联·深度"的深层理解

我们认为，要深刻理解"互联·深度"的教学改革理念，需要从这一改革的生态系统中去理解，从其本身与周围其他主体的关系中去理解。简言之，我们要处理好四组关系。

（一）"互联·深度"的教学改革理念与"为学生一生发展奠基"的办学理念的关系

"为学生一生发展奠基"是我们顺德一中的办学理念。顺德一中办学，放眼学生一生长远发展，拒绝短期功利，积极为学生创造一切条件和机会，为学生夯实终身发展的根基，让学生凭借扎实的基础教育功底，在高等教育阶段乃至终生厚积薄发，行稳致远。

我们认为，"互联·深度"的教学改革理念，与"为学生一生发展奠基"的办学理念是一脉相承的。具体说，两者是"体"与"面"的关系。

1. "为学生一生发展奠基"是"体"。它是学校的整体性办学理念和核心思想，是学校一切办学行为的思想中枢，是学校管理理念、教学理念、育人理念、后勤服务理念等一体化、集中化的表达。

2. "互联·深度"是"面"。它是学校教学改革的理念，是学校整体办学思想的一个方面及重要组成部分，是学校办学理念在教学领域的具体表达。

3. 两者是贯通一致的。"为学生一生发展奠基"的办学理念客观上要求实施以学生为本的教学形式，为学生终身发展提供良好的知识基础、能力基础、价值观基础以及核心素养基础；"互联·深度"的教学改革方向，则强调教学主体、资源、对象等要素的互联互通，促进学生深度学习、高质量学习，促进知识、能力、情感、价值观以及核心素养的原生生成，为一生发展打下厚实的科学素养和人文素养根基，契合"为学生一生发展奠基"的目标要求。

（二）"互联·深度"的教学改革与教育数字化转型的关系

"教育数字化（互联网＋教育）是推进互联网及其衍生的相关技术与教育深度融合，实现对教育的变革，创造教育新业态。"2022年全国教育工作会议中指出，新时代教育工作要做到"五个深刻认识和把握"，明确提出要"实施教育数字化战略行动"。

我们认为，"互联·深度"的教学改革与教育数字化转型是相向而行的，两者是"体"和"用"的关系。

1. "互联·深度"的教学改革是"体"。这个"体"包括两个方面：一是指学校主体。"互联·深度"的教学改革是顺德一中的实践项目，根植于顺德一中的课堂，扎根于顺德一中的师生。二是指内容主体。"互联·深度"是顺德一中教学改革的主体方向、本体灵魂，是一种学习方式的本质变革，从性质上说，它属于思想范畴，具有思维理性。

2. 教育数字化是"用"。它是当代教育发展的潮流趋势，是互联网相关技术的加持，是"互联·深度"的教学改革必不可少的技术条件支撑，从性质上说，它属于技术范畴，具有工具理性。

3. "互联·深度"的教学改革以教育数字化为基础和前提是对教育数字化的校本化应用，对其进行丰富、发展和提升，是赋予教育数字化以生命和灵魂。

（三）"互联"与"深度"的关系

如前所述，"互联"重在强调教育要素的互联、互通、联动，具有表层现象的含义；"深度"重在强调深度学习，是一种学习方式的变革，具有深层本质的含义。简言之，两者是"形"和"神"的关系，也就是形式与内容的关系。

1. "互联"是"形"。在教育数字化背景下，万物皆可互联。发现、挖掘、建立、整理、优化各种教育教学要素的有机联系，是学习者首先要做的事。

2. "深度"是"神"。深度学习是教学改革的目标取向和本质要求，是教学高质量发展的应有之义。

3. 两者在形式上是立体交织的关系。"互联"是横向的，"深度"是纵向的；在功能上是同向协同的关系，着眼于学习的广度、深度，共同服务于提高教学质量；在本质上是相辅相成、和谐统一的关系，两者密切配合，互成体系，统一于教育教学全过程。

（四）"互联·深度"教学改革理念与教育教学实践的关系

任何教育教学理念，归根到底要服务于实践，指导实践是其生命所在。"互联·深度"的教学改革理念与教育教学实践，是"知"和"行"的关系。

1. "互联·深度"教学改革理念是一种教育教学主张，是关于教育教学组织形式、学生的学习方式的理性思考和深层认识，是学校教学的顶层设计。

2. "互联·深度"的教育教学实践是在"互联·深度"理念指导下开展的一种独特性和个性化的教学范式。

3. 从学校的办学实际出发，"互联·深度"教学改革理念重塑了顺德一中关于教育教学的顶层设计。在这一理念指导下，学校教育教学行为被赋予了特殊的内涵。反之，这一理念在实务操作层面的落实推进，会不断遇到新情况、新问题，也必然丰富和发展"互联·深度"的教学改革理念。

4. 这一理念来自实践，回归实践。实践性和科学性是其最显著的属性。

五、"互联·深度"理念下的实践探索

（一）聚焦教改，提倡"RDE双主线"模型的智慧与精彩

一般认为，教育数字化转型首先是要充分应用数字化技术，改变传统的工作思路和流程，树立师生的数字化意识。因此，这一转型必然要求课堂教学模式的重塑。基于时代发展和高考改革要求，我校创建"RDE双主线"混合式教学模型，包括阅、思、表、评、悟五个环节，主张"让教于学，学为中心，教师主导，学生主体"，要求课堂立足全面发展学生核心素养，大幅提升教育教学质量。

具体来说，就是要做到学科培养目标要"基于价值引领"，教学活动设计要"基于学情诊断"，教学流程组织要"基于问题驱动"，师生交流互动要"灵活、多维、深度"，学科问题设计要"与生活实际相结合"，课堂教学评价要"即时、科学、个性"，突出培养学生的阅读、思考和表达三个核心能力，聚焦学科核心素养，打造深度高效课堂。

值得一提的是，我校虽然提出了双主线教学模型，但这一模型只是一个流程框架。我们既没有规定每个环节的具体实施时间，也没有依靠行政检查强力推行。我们一直秉承"我在，一中更精彩"的教师价值理念，鼓励老师们在教学实践中依据学科特点和自身特色，探索和打造个性化的"双主线"。在宽松、积极的教改氛围影响下，各学科组依托智慧课堂环境，积极探索"RDE双主线"模型在各自学科中的应用实践，形成了大量的优秀课例。比如，廖伟梁老师的《氧化剂和还原剂》一课，就将双主线模型的五步流程细化为七步，再对照化学学科的核心素养培养要求，逐一进行了问题设计，最终在中央电教馆组织的第十二届全国中小学创新课堂教学实践观摩课评比中荣获一等奖。

此外，我们还注重引导教师"寓教于研"，把教改过程变成实践课题，向区、市、省进行申报，以此强化教师的教改积极性，推动教改向深层次发展。其中，副校长何训强以探索智慧课堂建设的深层次应用问题为主题，成功申报了中央电教馆课题并顺利结题；语文、生物两个科组则以学科智慧教

学模式的形成为主题，成功申报了广东省教师信息技术提升2.0工程课题并顺利结题。

（二）聚焦课堂，构建科学灵动、积极高效的创新型生态

我们发现，传统的课堂生态常常表现出一些弊端，比如教学预设仅基于经验、学习进程整齐划一、交流互动形式化、课内外缺乏协作互助、评价反馈粗略滞后等，这往往制约着教学的实际效果。

对此，我们构建了全新的课堂生态，即基于数据的课堂、个性化学习的课堂、动态开放的课堂、精准迅捷的课堂。

其中，基于数据的课堂是通过引进"成绩云"和"智学网"的学习成绩管理系统，及时调用日常作业及考试测验数据，实现移动批改和讲评以及大数据精准教学。让教师基于大数据进行教学决策和教学评价，使教学内容来自学生的精准反馈，真正实现教与学的相连相融。

个性化学习的课堂是以单元测评和月考周测等数据为依托，分析不同学生对不同知识点的掌握情况，并针对不同学生的薄弱项，推送个性化的学习资料、个性化的微课、个性化的练习，通过个性化教学服务提升群体水平。

动态开放的课堂是利用互联网、移动终端、一体机等技术和设备的加持，使课堂系统超越时空限制。教师可以随时向学生推送微课、课件、习题等学习资源；同时，师生间的知识传递不再是单向度的，而是双向度，甚至是多向度的。教师鼓励课堂的创新与开放，鼓励生成，为学生激发创新、发展智慧提供有利条件。

精准迅捷的课堂通过系统内置的评价系统，实现了教师对学生互动表现的即时评价、AI对学生语音作答的自动评价、学生组内学习情况的相互评价等，其及时性、准确性、互动性和便捷性，是传统课堂评价手段无法媲美的。

（三）聚焦渠道，拓宽学科资源、立德树人的泛在化空间

通过师生互动作业平台，实现作业布置、互动答疑、资源分享、温馨提示等功能；通过校本教材电子化，建立了国家教材、校本课程、校本阅读、校本教辅、电子书库。通过校本题库、卷库电子化，建设了符合本校学生认

知水平的经典题库、卷库，既提高了老师的出卷效率，也有助于生成班级和个体的错题数据库和个性化学习手册。同时，教学软件的应用，拓宽了系统的原生资源，有效满足了各学科、各情境下的具体教学需求。在各种泛在化互联空间的使用过程中，师生共同生成了大量的资源和微课：截至目前，我校资源库内图片、文档、课件资源的分享达到72726个，微课分享已达到5095个。

除积极拓展学科资源外，我们还构建了学生德育的沉浸式学习空间，通过主走廊公告屏、班级直播系统、电子班牌、畅言系统应用工具等打造了一个爱国时政课程资源库，拓宽了立德树人教育新渠道，让学生在课余生活中随时能通过丰富的视听阅读材料，拓展国际视野，树立家国情怀，明晰责任意识。

（四）聚焦机制，提升高等院校、企业、学校的三维联动性

我们借力华南师范大学的专家资源优势，联合科大讯飞、铭师堂等科技教育企业，融入"华南师范大学—中小学协同发展联盟"，形成高等院校—科技企业—普通中学三维联动机制，全面构建我校教学改革的孵化平台。

2018年9月，我校与华南师范大学签署"卓越教育创建研究"项目合作协议，达成资源共享、优势互补，建立了双方互利共赢、互促提升的合作关系。2021年4月，我校与华东师范大学签署"数学拔尖创新人才培养合作协议"。

在开放日中，我校开展与全国各地教学名师的同课异构活动，全方位展示"互联·深度"智慧课堂教学模式，受到评课专家的一致好评。

借力华南师范大学专家资源优势，我们还开展了"顺德一中卓越教育研究"项目建设，全面更新教育教学理念，邀请九大学科专家走进课堂，诊断课堂教学，优化教学模式。

通过以上举措，高校专家们既指导了具体的教育技术运用，更引领了教育教学理念和方式的转变。学校在与高校的互联中实现了蝶变。

2019年3月31日，河北衡水中学康新江副校长，带领高三年级九大学科教研主任，赴我校开展学科联合教研活动，分享高考奇迹背后的教学智慧。

2019年8月10日，金庸、徐志摩、郁达夫、华君武等文化名流和叶培建等十余位两院院士曾执教或求学的百年名校——杭州四中，由张伟韬校长带领管理团队30余人，到访我校，并与我校达成长期交流机制。我校先后选派多位行政人员到杭州四中跟岗学习，杭州四中派出骨干教师与我校共同开展全国研讨会。学校通过与国内著名高中的互联，提高了格局。

六、案例分享

我们可以分享一个具体的实施案例。

例如，一节地理常规课。新课学习时，小美老师通过平板发布画图预习任务，提升了学生的区域认知能力和地理实践能力；课堂上基于智慧课堂系统实现多元化的师生互动及多角度的学生成果展示，使学生被关注度更高，注意力集中，学习兴趣被激发，学习积极主动，课堂更高效；拍照投影等功能可以快速实现主观题评价与诊断，解决传统课堂中主观题训练费时费力的弊端，从而更好地锻炼学生的综合思维。

当个别学生产生的问题因时间关系无法在课堂解决或者因假期等原因无法与老师面谈时，小美老师则会通过智慧课堂答疑系统或聊天软件等与学生实现跨时空对话，进而实现个性化辅导。

课后练习或测试时，小美老师让学生通过平板提交客观题方案，智慧系统自动批改并统计各题正确率，生成数据，小美老师可以有针对性地挑选班级错误率较高的题目重点评讲；还可以掌握答错题的同学名单，精准地向这些同学所在的学习小组分配讲题任务。

习题课前由小组成员合作探究，通过生生互助帮助做错的同学实现深度思考，课堂上由做错的同学代表本组逐一讲解错题。每次讲题人员均不重复，实现以讲题为契机，促进每一位同学学会深度思考和合作学习的目的。

每逢假期，学生还会在小美老师指导下进行地理大阅读或地理研学活动。同学们依托移动终端，即使地处天南海北，也可以通过网络实时分享所获得的资讯；小组代表通过教室的一体机汇总每个组员的信息，生成小组汇报，面向师生进行现场展示。部分小组甚至邀请老师加入自己的网络群组，以便随时可以通过语音、视频连线等方式邀请老师现场指导。

技术加持，联通四方。整个地理研学从开始选题到分工协作，从资料收集到实地考察，从总结汇报到视频制作，最后到成果孵化，都充满了师生的互动、信息的流动、思维的跃动和智慧的萌动。从地理小课堂到社会大课堂，网络联通了学生移动端和海量资源库，同时也撬动了知识的整合优化和迁移应用。

七、成果效益

近年来，我们通过"互联·深度"的教学改革实践，取得了一定的效益。首先是学校办学质量跃上了一个新台阶。除了高考成绩不断进步之外，我们还有不少成果获得国家级、省级高层次奖励，这从一个侧面印证了我们目前所走的路是一条光明之路、效益之路、未来之路。

黄泽裔同学是我校2020届毕业生，是我校全面铺开"互联·深度"教学改革的第一届毕业生。其所在的中国政法大学代表队参加国际刑事法院模拟法庭竞赛，在全世界76所大学代表队中获得亚军，创造了中国大陆高校参加这一世界顶级赛事的最佳成绩。这一竞赛全程都以英语进行，既考验专业知识水平、英语功底，也是对个人的口头表达能力、现场反应能力、控场能力的综合考验。

黄同学坦陈，高中时期学校倡导的海量阅读、高效的平板教学形式、丰富的社团活动、多样的校本课程和社会实践，特别是课堂辩论会、英语晚会等广泛的互联，为他提高深度思辨能力、逻辑思维能力和口头表达能力提供了很好的锻炼机会。

除黄泽裔同学外，我校实践"互联·深度"理念指导下课堂教学改革的历届学生在各级各类比赛中都取得了较以往更为显著的成果。

"互联·深度"理念同样使得教师队伍的观念发生很大转变。央广网就曾报道我校数学老师关嘉欣，让学生们发挥自己喜欢漫画的特长，在2020年2月2日制作了一节"向量的数学史"的趣味微课，发布在自己的公众号上，获得了不少网友的点赞。学生返校后，关老师的公众号一直保持更新至今，这表明，互联思维已经在她的数学教学中深深扎根。事实上，我校除关老师外，几乎所有的名师工作室主持人、课堂教学改革的种子教师、各年级的青年骨干教师等都在网上开设了自己的公众号、微博、抖音号或视频号。"互联·深度"理念已在教师队伍中全面开花，成效喜人。

近年来，我校多位青年教师在各种大赛中摘金夺银，"互联·深度"教学改革可谓硕果累累。

八、总结反思

围绕顺德一中"互联·深度"未来课堂范式实践，简单来说，我们做了五件事。

（一）提出了一个理念。提出了"互联·深度"教学理念，并内化为我校办学理念的重要内核。

（二）构建了一个模型。构建了"RDE双主线"混合式教学模型，成为我校阶段性课堂改革的模式参考。

（三）重建了一种生态。改变了传统课堂教学生态和育人方式，形成了师生共同成长的新路径。

（四）搭建了一个平台。建立了"三维联动机制"推广示范平台，建立了校本学习资源库，发挥了我校辐射引领、结对帮扶和资源共享的示范作用。

（五）优化了一批机制。拓展了应急状态下的线上教学新渠道，改进了应对校园电子产品负面影响的管理措施等。

综上所述，"互联·深度"未来课堂范式，是顺应教育数字化转型趋势，基于顺德一中办学实践，致力于课堂教学高质量发展而探索形成的面向未来的一种课堂范式，具有以下显著特征。

（一）主体建构。尊重学生的主体地位，发挥教师的主导作用，主张学生借助包括互联网在内的各种工具和手段，实现知识、能力、价值观、核心素养的自我建构、自我生成和自我塑造。

（二）智慧互联。在教育数字化背景下，基于互联网、大数据等先进的技术手段，学校着眼"万物互联"，创设超越时空限制的智慧教学环境，实现教育教学各元素互联互通。

（三）深度学习。以培养学生的反思、批判性思维能力为目标，关注学生学习的充分广度、充分深度和充分关联度，促进学生在理解学习、深度加工、主动构建、有效迁移、高阶思维等方面的能力提升。

（四）素养立意。坚持核心素养立意，为学生终身发展奠定坚实基础。

（五）泛在化学习。树立大课堂观，将"互联·深度"的课堂范式应用于常规课堂、活动课堂、校本课堂、社会实践课堂、德育课堂等多种教育教学场景，实现管理、教育、教学的全覆盖。

（六）开放创新。把握未来课堂的"未来"本质，深刻把握基础教育、教育数字化转型等领域的未来发展趋势，在坚持"互联·深度"基本框架和"为学生一生发展奠基"基本价值观的前提下，不断优化调整、创新致远，促进教育教学高质量发展。

我们也在思考这一范式未来向何处去的问题。我提出以下问题，也请读者共同指导。

（一）如何在社会变革中把握教育本质？教育数字化转型背景下，无论教学环境、教学手段、教学技术如何改变，教育的本质还是人的发展，人的因素是教育第一性的因素，是教育不变的灵魂。

（二）如何在需求驱动下促进终身发展？契合国家人才战略和个性化成长需要，运用人工智能平台，提供更精准、更丰富的教育资源、职业规划和激励评价，培养学生内驱终身学习和职业生涯幸福的品质。

（三）如何在素养导向下丰富教育资源？构建多维立体的精品校本课程资源体系，进一步满足教育公平、优质教育共享和学生差异化、泛在化学习的需要。

（四）如何在数据赋能下创新致远？深入开展智慧课堂新生态研究，探索基于拔尖创新人才培养的深度学习和高效教学的新策略和新模式。

九、结语

未来已来，将至已至。中国教育数字化转型正在大踏步迈入新时代，虚实融合、数据赋能、泛在智慧将成为未来教育的关键词，引领教育走向精准、走向科学、走向个性、走向高效。

面对为党育人、为国育才的时代使命，每一位教育工作者都应以这次转型为契机，通过践行信息技术与教育的深度融合，助推区域转换教育发展动力结构。每一所学校都应着眼自身，从教育的理念重塑、结构重组、流程再造、内容重构、范式重建发力，一同打造更加公平、更有质量、更加美好的未来教育！

倚书院而流长

鹿豕与游，物我相忘之地；

泉峰交映，智仁独得之天。

这是悬挂于江西省白鹿洞书院明伦堂上的一副楹联。少时与游，我对鹿、豕、泉、峰等造化之境印象深刻；及至年岁渐长，读到《白鹿洞学规》所述"为学之序"——"博学之，审问之，慎思之，明辨之，笃行之"，心中若有所得；待到自己从事教育工作多年，方悟"物我相忘""智仁独得"之境界实为求学至境、人生至境。

书院文化，源远流长。且不论包括白鹿洞书院在内的中国四大书院享誉海内外，仅顺德凤山书院，亦八百年传道，学脉绵延，影响深远。其独具特色的"循文道、贯中西"的人文传统和"教学相长"的教育传统，是为顺德一中办学思想的重要源头。

事实上，中华书院历千年蕴积的教育思想和文化精华，深刻契合教育规律，对我们今天仍具有巨大的现实意义。中华优秀传统文化已经成为中华民族的基因，根植在中国人内心，潜移默化影响着中国人的思想方式和行为方式。如果我们能弘扬传统书院优秀文化，既可以引领人们的思想、规范人们的行为，又可以促进文化自觉和文化自信。

所以，面对新时代立德树人的高标准高要求，面对新课标、新高考、新教材的新挑战，我满怀热情，开启了自己的思考：如果我们深入探究书院体制机制建设，并与我校育人理念和教育模式相结合，能否形成独具顺德一中特色的书院制育人模式?

在精神文化层面,我们力求通过这一模式,把传统书院的"德育为本,修身为要;心忧天下,忠勇报国"的教育理念与顺德一中"为学生一生发展奠基"的办学理念和"学会做人、学会求知、学会办事、学会健身"的校训相结合,德育为先,立德树人,实现知识追求、价值关怀和人格完善的统一。

在物质文化层面,我们继承书院重视环境熏陶、体验感悟的文化传统,与学校校园文化建设相结合,努力营造高品位的建筑文化氛围:学校四面环水,校园中央造未名湖,打造"没有围墙"的校园;借鉴书院"中轴线"的设计理念,凸显图书馆、教学楼的中心地位;杂植颇具岭南文化特色的杧果木、凤凰木、黄花风铃木等以及有象征意味的木棉树、罗汉松等,实现自然之境、人工之美与人文之趣的统一。

在制度文化方面,汲取书院文化"全人教育"的精华,在核心素养立意的时代教育背景下,促进学生文理渗透,专业互补,建设"三大书院"学习社区,融汇人文科学和自然科学,实现管理机构精练化、管理原则民主化和管理方式"学规化"的统一。

目前,我校已形成以自然学科为主要特色的"少年科学院",以数学学科为主要特色的"九章书院",以文学、哲学、社会科学相关学科为主要特色的"凤山书院",取得了丰硕成果;我们还依托顺德第一中学教育集团,打造覆盖小、初、高一体化的12年书院教育体系——序幕已张,未来可期。

《岳麓书院续志·书院条规》载:"为学当尊敬先生,若讲说皆须诚心听受,如有未明,从容再问,毋妄行辩难。为师亦当尽心教训,勿致怠惰。"《礼记》云:"亲其师,信其道;尊其师,奉其教。"也许,这才是书院文化的灵魂。

第五章

众行图远

春风十里不如你

——致敬"最美一中人"

三尺讲台，三寸舌，三寸笔，三千桃李，成就"最美一中人"。一中人是"崇尚一流，追求卓越"的身份认同，一中人是"团结奋进、温馨和谐"的情感归属，在"我在，一中更精彩"的价值引领下，在校园文化熏陶和身边榜样的感召激励下，一代代一中人德才兼备，一批批一中人尽显风流。顺德一中定期评选"最美一中人"，学校精心编辑致敬词。他们是百年一中最生动的精神符号。

在此，撷取部分"最美一中人"的风采，谨作分享。

陈纪华老师
他目光坚定，带领卓越班勇攀高峰；
他工作勤恳，在学生心田细作深耕。
每天格物求理，抽丝剥茧，细致而又耐心；
每天谈心辅导，切中肯綮，严格而又贴心。
他以身作则，纪律严明，朴素无华；
他心无杂念，秋实春华，不可胜记。
他用如椽大笔书写顺德一中的世"纪华"章。
他是微胖界的儒雅学者。
他就是集睿智眼神、"蜜汁微笑"、铁肩担当、宽宏度量于一身的"最美一中人"——陈纪华老师！

刘云老师

随手一画，空间平面尽出；妙语指点，函数指数都解。

他爽朗的笑容，可亲可敬；他幽默的话语，可思可品。

卓越班教学辅导，要言不烦；

清北班培优竞赛，攻坚克难。

一支粉笔，构筑出缤纷的三维空间；

三尺讲台，描绘着多彩的数字世界。

大爱无言，平易近人是他的品质；

精讲细练，认真负责是他的风格。

假期里他是缺席的父亲，却是学校里坚守的身影。

他就是勤勉负责、语速超快、思路清晰、启迪智慧的"最美一中人"——刘云老师。

2021届高三年级领导小组

他们风清气正，协力齐心；

他们披星戴月，身体力行。

带头实干，抓迟到、抓宿舍，整肃仪容仪表，整顿班容班貌，严明年级风纪；

团结巧干，备高考、备学生，钻研课程改革，钻研教材变化，发挥集体优势。

他们树立目标导向、改革创新；

他们传承工匠精神、精益求精。

无数次的思维碰撞，激活团队智慧；

多少天的晨昏相对，惯看满天星辉。

秀格能殊众，清香不负名。

他们是锐意进取、敢作敢为、继往开来、奋勇争先的"最美一中人"——高三年级领导小组！

刘顺才老师

晨曦照，携霞光，课室一隅守望。

三十年春秋如初，他俯首耕耘，只为让更多思想昂扬；

三十年春秋似箭，他练就慧眼，阅遍世事沧桑。

承三十年荣耀，赤诚依旧，轻掸荣光。

为科任，兢兢业业，放瞻化学天地，谱写华章；

为班任，细致入微，铺就人生之路，温暖心房。

箴言似浓茶，愈品愈甘；

闲语若暖阳，给予力量。

持平衡之思，造磅礴之势，铸就教育事业之辉煌。

夏魏毅老师

即使是没有鲜花的舞台，

即使是没有掌声的独白，

她仍紧握粉笔的手，

让每一种颜色盛开。

温柔如她，如十里春风，

拂去学生对数学的困惑和前途的迷茫。

乐观如她，如一艘巨轮，

带领学生"直挂云帆济沧海"！

坚守如她，如一棵白杨，

总是深深扎根，从不放弃。

智慧如她，如一泓清泉，

清澈明远，满载梦想。

带领备课组，抵达海的怀抱。

平凡的职业，铸就伟大的她！

她是航行迷雾中的灯塔，

是学生平淡岁月里的星辰，

是高考冲刺战友心中的定心丸！

张丽美老师

丽美，不仅是她的名字，还是她的心灵；

美丽，不仅在于她的外表，还在于她的人格。

她踏着清晨的曦光投入工作，

深夜万籁俱寂时，灯光仍闪烁在她的办公桌。

课堂之中，严谨认真的，是她；

课余之时，和蔼耐心的，也是她。

跑操健身，她率先垂范；

督促学习，她孜孜不倦；

班级管理，她一丝不苟；

思想引领，她总能振奋人心。

每一分，每一秒，事无巨细，事必躬亲；

广施甘露，遍栽桃李，她将华年托付于清风如许。

平淡的日子里张罗着最不平凡的美丽，

她就是"最美一中人"。

杨柳老师

她是语文老师。

通诗词歌赋，晓诗书礼易，

思如泉涌，笔走龙蛇，

深入浅出教学科知识，潜移默化育人生道理，

有能力素养，有温度情趣。

她是年级组长。

管理工作千头万绪，但她统筹安排，有条不紊。

全情投入，尽心尽责；

默默无语，从不言功。

她是二孩妈妈。

既为师，又为母，

在校备课、上课、改作业、管年级连轴转，

在家洗衣、做饭、扫地、辅导孩子忙不停。

但她始终温和坚定，细腻耐心，

用微笑的生命承受了双倍的责任。

如果用一个季节来形容她，此时春日最合适——

多彩、明媚、温暖、舒适。

她就是顺德一中最美的杨柳老师。

2022届"高三老铁军团"

有一种情怀叫坚守，有一种信仰叫热爱。

2022届高三教师团队中有这样一群特别的成员，

送走了本届高三学生后，

他们在一中的教学生涯也行将画上圆满句号。

可他们从不倦怠，绝不苟且！

他们最具教育情怀、最富教育智慧、最有教学经验、最具奉献精神。

言行中充溢的是责任，笑意中流淌的是担当。

他们深受学生喜爱，更受晚辈敬重。

他们完美地诠释了"崇尚一流，追求卓越"的一中精神！

请记住他们的名字：方修培、刘富平、张学军、刘顺才、翁祥辉、符柏岳、罗文萍。

让我们向这群默默坚守、无私奉献的"高三老铁军团"表达最崇高的敬意！

张学军老师

上知天文，下知地理。

手中经纬度，胸中万丈情。

课堂上，妙语连珠，在沧海桑田中领悟人生；

课堂外，大江南北，在万里行程中思考未来。

学高为师，身正为范，桃李满清北；

教书育人，卅载岁月，君为一中人。

上得课堂，下得球场。

比赛中，忙前忙后，加油助威；

比赛后，亲力亲为，庆功夺冠。

老革命，无私奉献，体检、奖券、运动会，样样服务到家；

临退休，率先垂范，渠道、门路、接班人，事事安排到位。

高调做人，低调做事，冠军年年有；

工会组长，几度春秋，功名留一中。

你是学生眼中的军爷，老师心中的楷模，工会界的又一天花板，

"最美一中人"——张学军老师。

罗婉君老师

起早贪黑，你守护着学生宿舍里的日日夜夜；

不辞劳苦，你关怀着学生生活中的点点滴滴。

你的声声嘱托，如冬日暖阳温暖心田；

你的悉心照料，如春风化雨润泽无声。

你爱生如子，是你在学生身边代替父母去关心和照顾他们；

你以校为家，是你让大家心中升腾起"家"的感觉。

你把舍务工作当作神圣使命，

你以最高标准展现人生价值。

感谢你,

我们的"最美一中人"——罗婉君老师。

家长义工

校园里有这样一群可爱的人:

无论烈日暴雨,无论酷暑严寒,

他们总是一身亮眼的"志愿红",

不辞劳苦,甘于奉献,

为返校、离校学生保驾护航,

为校园周边交通管控秩序。

岗前培训,他们认真专注;

站岗指挥,他们一丝不苟;

志愿工作,他们随叫随到。

他们用爱心、耐心和责任心,

守护一中师生的生命安全。

他们是午后黄昏里那一抹最美丽的"红",

是校园义工活动最给力的支持者,

是孩子们最暖心的坚强后盾,

他们就是"最美一中人"——家长志愿者团队!

田甜老师

十年如一日,您默默无闻,为教师办实事。

职称评定,职工医疗,您应付自如;

人事变动,整理归档,您细致严谨。

平淡的工作在您的担当下,变得丰富与生动;

烦琐的业务在您的梳理下,变得顺畅与规范。

多年来,您为教师们的利益伏案奋笔,整理材料,

您为校办的正常运转协调沟通，组织调度，
即便胃病缠身，仍然无怨无悔。
您是幕后默默坚守与付出的无名英雄，
您是学校后勤工作不可缺少的关键一环，
您是校园里的"最美一中人"。

杨贤君同志
在一中的校园，有这么一个人，
骑着单车，一会儿出现在南门，
一会儿巡逻在西门，
一会儿在运动场紧急处理异常，
一会儿在教室里检查消防和门窗。
校园的每个角落，都有他的身影，
哪里发现了安全隐患，他总是第一个赶到现场。
他曾是大型企业管理骨干，
却因为喜欢校园氛围，甘愿到学校做一名保安，
在每一个需要他的时刻，勇挑重担。
他对工作认真负责，待人处事热情大方，
老师、家长、学生都对他印象深刻，拍手称赞。
他，就是顺德一中保安队队长，
"最美一中人"——杨贤君。

钟明老师
线与角勾勒出你的面容，尺与矩描摹出你的身影，
山水相遇，沐浴春风化雨；
钟磬声声，穿过竹林叶碎；
明河渡过，培育桃李万千。
在教学上，您永远精神饱满，认真上好每一节课；

对待学生，您永远笑容可掬，耐心对待每一个学生。

我们真诚地感谢您，钟明老师！

郭晓敏老师

感谢您，日夜不辍，躬耕三尺讲台的坚守；

感谢您，兀兀穷年，不觉白发已生的辛劳；

感谢您，谈笑风生，遍播智慧之种的伟大。

您用奉献创建最美的阅读空间，

用爱心铸就最纯的阅读心灵，

用辛勤开拓最广的阅读海洋。

优美雅致的环境背后是您精心的布置，

创新的阅读方式是您用心的考量。

感谢您为一中图书馆奉献出了自己的青春和汗水。

哪有什么岁月静好，不过是有人替你负重前行。

我们在图书馆享受知识洗礼的同时，

也记住了您的名字——郭晓敏馆长。

肖如春老师

教书如春风吹草木，播知识之种生繁花；

育人若红星照一堂，唤品行之门引大道。

办公室，总能看见您全情投入、废寝忘食的身影；

课堂上，总能听到您妙语连珠、激情四射的声音。

教学活动丰富有序，节奏张弛有度，

培养能力，

鼓励创新，发展个性。

您在学习和生活中无微不至地关心和鼓励学生，

既能于早读前的教室看见您和他们谈心的身影，

又能看见您在平板上对他们嘘寒问暖。

您言如春江之流水，智慧润土壤；

您行如高举之火炬，光亮耀四方。

您如明灯，指引我们一步步地走向成熟，成人自立。

待到回头，只见您笑容满面，而桃李芬芳可期。

您是"最美一中人"！

视良师如至宝

——与2021年新教师共话教师情怀

2021年8月30日，一场温馨愉快的座谈会在顺德一中会议室召开，新学期刚刚入职顺德一中的15位新教师在此与学校领导畅谈感受，畅想未来。我与新教师们愉快、热情互动。

2021年秋季学期，是顺德一中近年来引进人才力度较大的一个学期，共有15名新教师加盟一中。他们中既有郑宇邻、袁勇这样的正高级教师，也有肖如春、黎莎、胡光富这样的"少壮派"名师，还有更多高学历、高素质的"杏坛后浪"，人才梯队合理有序，他们的强力加盟令一中教师团队如虎添翼。

在座谈会上，新教师们先后发言，表达了入职顺德一中以来的所见所闻和内心的真情实感。作为高层次人才引进的数学正高级教师郑宇邻和物理正高级教师袁勇表示，顺德素有"敢为天下先"的精神，是干事创业的热土，顺德一中优美雅致的校园环境、严谨浓郁的学术氛围和亲和友善的人际关系，让他们倍感温暖；来校以后真切的工作生活体验，则让他们对未来的职业生涯充满美好憧憬。

胡光富老师曾在多所省内名校任教，如今选择加入一中大家庭。综合素质十分优秀的他，刚一到校就被委任为高一年级卓越班的班主任。谈及初衷，他说，顺德一中是他经过多方比较、认真审慎做出的选择，这里不仅有优良的办学业绩，而且有非常人文的组织文化。他表示："我希望自己的孩子遇到什么样的老师，我就要成为什么样的老师。"

　　今年入职顺德一中的4名刚从高校毕业的优秀硕士研究生也参加了当天的座谈会。他们中的卢碧妍老师作为代表发言。她说自己是土生土长的顺德人，当年就是一中毕业的校友，对这里的一草一木都很有感情，如今回到顺德一中任教，感觉非常亲切，所不同的是，校园里变化巨大，设施更加完备，文化越发厚重，办学质量更加卓越。作为一位名副其实的一中人，她深感荣幸和骄傲！

　　与会代表畅所欲言，现场气氛融洽。这样的场面令我非常欣慰。会议的最后，我做了总结讲话。首先，我感谢各位新入职老师对一中的信任和支持，并表示学校将尽一切努力，为新教师提供优良的工作、生活环境。我寄望新老师们：共同努力，打造标杆；共同学习，繁荣教学；共同工作，享受生活。

　　新学期，新风貌。顺德一中，携2021年高考优异成绩，如今风帆正劲；得一众名师和良师加盟，更是如虎添翼。

　　顺德一中，有俊彦加盟，可喜可贺；有干将加持，未来可期！

迎百十华诞　叙一中真情

——110周年校庆期间两场聚会记情

在顺德一中建校110周年庆典即将到来之际，一中校友积极行动，先后开展相关活动支持母校，共庆母校生日。

2021年12月2日晚上，一饭店充满了欢声笑语，顺德一中退休教师在此欢聚。我和部分校领导出席了活动。

聚会中，退休教师们喜气洋洋，畅叙情谊。我代表学校向各位退休前辈致敬：向退休教师致以问候，对他们的辛勤工作和重要贡献表达衷心感谢；简要向大家汇报了学校发展的情况，诚挚邀请退休教师在顺德一中110周年大庆之日，回校团聚，共同回望那些年一起携手共度的岁月，追忆同事们一起并肩奋斗的芳华。

退休教师纷纷表示，顺德一中近年来发展迅速，成绩显著，作为一中人，深感荣耀。学校对退休教师的关心和温暖，令人感动。他们相信，在现任班子的带领下，学校必将乘110周年校庆的东风，再创一中新的辉煌。

2021年12月3日晚上，顺德一中"60后"教师50余人，参加主题为"初心不忘，因你精彩"的校庆欢聚会。校友代表、1998届校友欧阳铭球先生和吴盛文先生与学校部分行政领导出席聚会。

我代表学校致辞：充分肯定"60后"的教师，他们是顺德一中近30年发展的中流砥柱，是顺德一中超300名教职工的标杆榜样，学校因他们而精彩，并感谢他们对一中的卓越贡献，也期待着他们不忘初心，持续奋斗，继续带领顺德一中再创佳绩。

优秀校友吴盛文先生发表热情洋溢的讲话。他深情回顾了在顺德一中求学的美好时光，对学校、老师的感恩之情溢于言表。他还表示，建校110周年校庆是全体校友的盛大节日，校友们将以此为契机，增进友谊，凝心聚力，为母校发展添砖加瓦。

两次聚会活动均是在热情的一中校友的大力支持下促成的。退休教师聚会，由1994届校友苏耀江先生提供赞助，1986届校友张红彬先生给每位退休教师精心准备了礼品；"60后"教师聚会，由1994届校友欧阳尚贤先生赞助，1994届校友欧阳庆球先生则为每位"60后"教师精心准备了礼品，而1998届校友欧阳铭球和吴盛文先生，则作为欧阳尚贤和欧阳庆球校友的代表参加了聚会活动。拳拳校友情，谱写了一曲曲动人的一中之歌。

110周年校庆是广大校友关心瞩目的盛事。一段时间以来，广大校友纷纷行动，积极为校庆助力。校友篮球赛、足球赛、羽毛球赛次第开展，各项校友捐赠项目纷纷落地，顺德一中携校友大爱，正走向更加美好的新纪元。

立足有效　践行"校本"

——在顺德区继续教育工作会议暨"顺德·师说"教育讲坛上发言有感

2022年6月30日上午，顺德区2022年继续教育工作会议暨"顺德·师说"第十六期教育讲坛在顺德区西山小学举行。我作为省校本研修示范学校——顺德一中的负责人，与佛山市教师发展中心主任舒悦等专家代表以及其他校本研修示范学校负责人一起，围绕"'双减·双新'背景下如何提升校本研修有效性"主题开启圆桌论坛，就共同关注的问题，进行主题演讲和面对面沟通。

在活动现场，我做了主题为"奠基·铺路·革新——顺德区第一中学提升校本研修有效性的实践探索"的报告，阐述了顺德一中校本研修"为学生一生发展奠基，为教师专业发展铺路，为学校未来发展改革"的工作理念，最终实现"学生—教师—学校"学习生命共同体的跨越式、特色化发展的工作目标。

此外，我还在会议上分享了学校在校本研修实践中的有益经验：以师德师风建设为引领，推动师德建设常态化、长效化，营造公平自由的学术氛围，搭建平台助推教师卓越发展，创新机制打造顺德一中"六阶"职业激励体系，建立荣誉教师评选体系以激励教师，在开展区域教育协作、构建多元立体课程、促进教师专业发展、实现学生多元成才等方面取得了丰硕的成果。

我的发言主要是基于顺德一中真切的办学实践而来的，接地气且具有一定的样板意义，也荣幸地得到了舒悦主任等专家的充分肯定。舒悦主任特别赞扬了一中校本研修的理念新、定位高，特别是校本研修的工作理念以及构建"学生—教师—学校"学习生命共同体的做法和工作方向值得肯定，与本次会议的精神内涵高度契合。

值得一提的是，我校刘翔武老师也在大会上作为佛山市名师代表受奖，再一次彰显了我校名师队伍建设的成效，也是我校有效开展校本研修、促进教师专业发展的有力见证。

本期教育论坛专家学者聚焦"如何设计校本研修课程""如何提高教师校本研修积极性""如何建立管理与保障机制"等内容，共话教育新风向。

我的发言获得了专家、领导、教育同行的点赞，于我本人，不免偶然；但于顺德一中，则充分展示了顺德一中在提升校本研修有效性方面的积极探索，也为顺德一中不断提升校本研修的实效性、促进学校内涵发展带来新的启发。

岁月静好，因他们在负重前行

——就顺德一中2022年暑期工作礼赞一中教师

　　每到新学期开学，我都会在教职工大会上罗列学校假期的工作，对在假期里加班工作的教职工给予表彰和感谢。"没有什么岁月静好，只因有人为你负重前行"，我们感恩于我们的团队，也致敬我们的团队。

　　以下摘录的，是2022年暑期工作总结，谨以片段，致谢"最美一中人"。

一、暑期教育教学工作

　　1. 7月10日至22日，高三年级开展研学夏令营。由赖光明副书记，黄波、吴近昕副主任，刘西典、郭婷老师等带领27位学生，迎着烈日前往江西临川二中参与了该校实验班高三课程的学习，收获满满，极大地鼓舞了新高三尖子生的士气。

　　2. 由陕娟副校长，李春燕、陈生聪副主任和颜飞舞老师组织的区初三夏令营工作成功举行。胡光富和罗筠怡老师，勇挑重担，担任夏令营班主任工作，唐杰、黄滨、张志林、常艳、杨从梅、朱文斌、曹野等老师承担夏令营课程教学任务，黎伟业和罗婉君老师全程负责学生住宿管理工作。整个团队热情暖心的服务、细致周全的管理、精心准备的课程赢得初三尖子生及家长们的肯定和赞誉。

　　3. 8月1日至14日，高二年级开展了暑期夏令营培尖活动。杨柳、黎强、张贺佳、杨志龙、杨丛梅、张晓蕾、肖如春、李长福等老师参与该项活动，认真备课、上课。班主任肖如春、黎强以及临时班主任杨丛梅、张晓蕾在管理过程中高度负责，几乎每天从早到晚都坚守在学校。

4. 8月1日至7日，少年科学院依托华南理工大学机器人实验室，组织高二年级46名同学开展机器人夏令营集训活动。曾国强、梁志浩老师全程跟进，负责培训活动和管理工作，学生收获颇丰、反响良好。

5. 8月24日至28日，高一年级新生军训，师生们克服天气炎热、台风来袭等不利因素，活动圆满成功。高一年级新教师田云江、何方涛刚刚入职我校就承担起数学竞赛辅导工作。他们每天几乎除了备课就是上课，田云江老师经验丰富，毫无保留地将竞赛秘籍传授给学生，并耐心地指导年轻教师。何方涛老师每天陪伴学生到晚自习结束。虽然还没有正式开学，但是这位如哥哥般阳光上进的老师已住进了学生的心里。

6. 为期14天的高一重点班夏令营，班主任及专家老师们辛劳付出，树立了一中教师乐教爱生的良好形象，展现了一中教师博学多才的深厚学养。钟明、方修培、黄滨等老教师率先垂范，精神可嘉。

7. 7月底以来，高三年级参与了学农活动，并正常返校开课。新高三领导小组带领全体教师严抓严管，科学布局，紧张有序，年级级风优良，开局良好。

8. 体育科组陈德才、王平安老师起早贪黑训练体育高考学生，为体考全力以赴；张安来和黄嘉俊老师带领田径队和足球队暑假集训，积极备战区田径运动会和区足球联赛。

二、教育教学保障工作

1. 从8月1日开始，学校食堂由承包改为自主经营。以谷长鸿、赵中卫主任为代表的后勤管理团队，冒着酷暑高温，克服重重困难，仅仅用半个月时间就完成了团队组建、新旧衔接、业务培训、设施维修、用品购置、后厨修缮等工作，圆满达成如期开餐的任务目标。

2. 暑假期间，学校利用教育教学工作间隙，抢抓时间开展了多项校园建设、修缮工程。如办公楼洗手间修缮、拔萃篮球公园建设、南门篮球场升级改造、宿舍淋浴系统改造等。多项工程同时开工，时间紧、任务重、谷长鸿、赵中卫主任带领部门同事加班加点，夜以继日地奋战在工作岗位上，确保了工程如期完工。

3. 暑假期间，学校微信公众号保持火热宣传态势，宣传策划处唐杰主任、卢韵婷老师每天不间断撰写、整理、发布推文，暑假共计发布文章60篇，其中多数内容为宣传一中好教师，引来各方赞誉，取得良好的社会效益。

4. 暑假期间，学校各类学习和培训活动有序开展。以周杨老师为代表的工作人员团队，坚守岗位的舍务部的全体教工，坚持24小时轮值的校医，为学生心理健康保驾护航的心理教师，进行资金核算和工资发放的财务人员，办理毕业生档案领取业务的教务处同事，承接各种具体业务的各处室文员，都以积极的工作态度保障了学校正常运转。

三、大型会务接待工作

1. 7月27日，佛山市2022年高考总结分析研讨会在我校召开。参会者包含佛山市副市长、佛山市教育局局长、佛山五区教育局局长、佛山五区教发中心主任以及全市所有高中校长共200多人，会议规模大、规格高，以学校办公室和财务与后勤服务处为主体的全体工作人员尽心竭力，服务大方得体，赢得一致好评。

2. 7月30日，顺德区教师招聘考试在我校举行。我校50余位教工、保安以及部分文员积极配合，参加了考务工作并圆满完成任务。

3. 暑假期间，学校先后接待江西省兴国三中、江西平川中学等兄弟学校来访，部分领导和教职工参与接待，廖伟梁、黄波等主任开设讲座，学校严谨的校风和整齐有序的管理赢得来宾的高度评价。

4. 8月26日，佛山市政协副主席带领调研团队来校调研教师队伍建设工作，市、区多部门领导参加。以办公室为主体的工作团队，积极准备，密切配合，出色地完成了接待和会务任务。

5. 暑假期间，我校承接了区初二年级学生夏令营活动，优质、贴心、到位的服务，再次给学生和家长留下深刻的印象，为今后的招生工作做了铺垫。

四、体育比赛斩获佳绩

1. 8月，王小亮、赵迪明和区源杰等老师带领我校女排队员顽强拼搏，获广东省中学生排球锦标赛女子高中组冠军以及广东省第十三届中学生运动会女子排球比赛冠军。

2. 当前，曹野老师正带领我校女子垒球队参加广东省第十六届运动会竞技体育组垒球比赛，捷报频传，顺利晋级前三。

以优秀的人培养更优秀的人

——答《中国教育报》记者问

2023年10月，《中国教育报》记者就学校高端教师的引进、培养工作，对我进行了采访，内容如下。

问："国优计划"注重对理科生的选拔，贵校在近年来的教学工作中，有没有存在一些教学瓶颈，希望"清北"（清华大学、北京大学）类的优秀毕业生来带动教育发展？实际的落地情况如何？

答：作为岭南名校、顺德的龙头标杆学校，学校肩负着为国家培养创新拔尖人才的使命。面对国家对人才的需求，对标强基计划的选拔，学校以学科竞赛培养为抓手，着力在学生的数理思维上进一步拓展和深化。因此，我们期待有着卓越学习经历、高阶思维能力强的优秀教师，如"清北"毕业生来推动这一项工作。这两年我们成功地引进了6名"清北"毕业的数理化学科教师。

问："清北"类毕业生在任教几年后，在个人素质方面有没有展现出更强的优势？您如何定义一名好老师？"清北"学生相对来说会更容易拥有这些特质吗？

答："清北"教师在我校教师群体中，能明显发挥"头雁"效应，他们在学科素养、综合素质、思维品质等方面都有比较明显的优势。一名好教师不仅仅要拥有扎实的知识功底、过硬的教学能力、持续的学习能力，更需要有对教育的热爱，有仁爱之心，尊重理解学生；要有坚定的理想信念，肩负起家国使命和社会责任；要不断提升道德情操，具有奉献精神，并能率先垂范。目前看来，我们引进的这两批"清北"毕业生，个人综合素质高，学习能力和思维能力强，在实际教育教学中角色转换快。当然，作为新教师，他们想要成长为国家和学校都认可的好教师，也同样需要持续学习，并在实践中凝聚教育教学智慧，强化育人职责和使命担当。

问："国优计划"的出现，包括对非师范类学生进行系统的教育学培养，从实践的教学工作上来看，可能对非师范类毕业生带来什么好处？有何必要？

答：对非师范生进行系统的教育学培养很有必要。不仅如此，心理学、课程标准的学习也尤为重要。此外，基于校情和学情的校本培训和老教师的传帮带也在他们的成长中弥足珍贵。非师范生的优势是基础好、视野宽，弱点在于个人素质和能力与教师岗位的匹配度有待提高。自己知道是一回事，教会别人是另外一回事。如何在教书育人的过程中锤炼自己的能力？如何将自己所学有效地教会学生？如何在实际教育教学中学会理解和把握学情，因材施教？这些是永恒的课题，它们超越了知识本身，因此，对他们开展系列化的培养是极其必要的。

问：学校的教育生态，有没有因"清北"教师的到来而出现一些细微的变化或者小小的改观？

答："清北"教师的到来，给学校带来了很大的积极影响。他们的加入，犹如"鲇鱼效应"，进一步激活了存量教师的工作状态，他们所带来的名校的理念、文化也在刷新师生对现代教育的认知，学科竞赛等高水平、高要求的教学活动也被纳入了更高阶的赛道。此外，学校的影响力和美誉度，家长对学校的信心也不断提升。师生们对他们期望很高。他们也深知自己的责任和使命，因此入职后快速调整转换，用自己的学习品质积极地影响学生，同时也带动了其他年轻教师的热情，形成了新教师互学共进、良性竞争的好局面。当然，他们的出现对于老教师也会有很多触动。尤其是"清北"

老师学习能力强、效率高、上手快，其深度思维和发散思维强，给老教师都会带来不少启发。

问：　"清北"类的毕业生担任教师，在竞赛方面如何发挥作用？

答：　"清北"老师在学科竞赛指导能力上的培养，很值得期待。一是他们自身在知识和思维层面具备相应的深度和广度，有很好的示范引领作用；二是他们本身的学习能力和学习品质不仅使其自身快速适应竞赛教学，也可带领学生很好地投入竞赛；三是他们年轻，与高中学生有很大的认知、心理契合度，具有比老教师更好的天然优势。"以优秀的人培养更优秀的人"正是我们做这项工作的宗旨所在。

道因时立　术唯人和

——顺德一中的学校管理理念与实践综述

　　佛山市顺德区第一中学创建于1911年2月，现有60个教学班，学生3000余人，在编教职员工263人。学校秉承"为学生一生发展奠基"的办学理念，践行"学会做人、学会求知、学会办事、学会健身"的校训，致力于教育高质量发展。

　　学校教师素质优秀。有正高级、特级教师8人，列佛山市普通高中第一；有高级教师96人，占比36%；研究生98人，占比39.4%；教师平均年龄42岁。

　　学校办学特色显著。以"互联·深度""智慧课堂"开展教学改革；以"多元培训""分层推进"驱动教师专业发展；以"卓越课程体系"和"现代书院制"探究拔尖创新人才培养新模式；以"自主德育"为核心，以学生社团为载体，构建现代化"全人教育"模式。

　　学校高考连创佳绩。2016年以来，顺德一中考入清华大学、北京大学人数近20人，达到两校录取标准的人数超过30人。

　　近些年来，顺德一中在学校管理方面开展了一些新思考和新探索，且作梳理，求教方家。

一、因时而变：效率导向下的管理架构调整

（一）坚持党建引领，支部设在年级

　　学校重视党建工作，夯实基层党支部战斗堡垒。把支部建在年级，选拔优秀青年教师担任党支部书记，年级党支部书记加入年级领导小组，参与

年级管理。其主要工作职责是年级党务管理、教师思想政治教育、师德师风建设、贯彻落实学校党委的决议，引导党员教师"亮身份、树形象、做表率"。党支部建在年级上，强化了党对年级工作的领导，细化了年级领导组的分工，突出了教师队伍建设的地位，在整合教师资源、增强组织凝聚力方面发挥了重要作用。

（二）突出功能导向，重构部门设置

2016年起，学校大刀阔斧地推行内部管理改革，其中一项重要内容是重新布局各行政部门：原教务处更名为"教务与教学督导处"，设正副主任3名；原德育处更名为"安全与学生发展处"，设正副主任2名；原教研室更名为"科研与教师发展处"，设主任1名；原总务处更名为"财务与后勤服务处"，设正副主任2名；专设"宣传策划处"，设主任1名。我们认为，对于学校而言，任何工作都被赋予了教育的意义。新的部门设置，符合时代发展的需要，职能更加明晰，分工更加科学，避免了以学校事务来分工，更强调教师发展和学生发展的目标导向功能；而专设的"宣传策划处"，聚合学校精神力量，讲好顺德一中故事，在顺德学校管理中具有首创意义。

（三）聚焦工作重点，设置若干中心

我们从学校教育的原点出发去设置若干职能不同的中心。如招生工作指导中心、升学工作指导中心、课程开发中心、竞赛工作指导中心、港澳台课程中心、学生成长指导中心、家庭教育指导中心等。中心的设置，主要出于以下目的：一是聚焦学校的重点工作，找准抓手；二是压扁工作层级，便于工作"直达现场"，构建更有效率的扁平化的管理机制；三是促进教师专业发展，根据教师的专业特长，选聘中心负责人，有利于尽其用，扬其长，促其成。

（四）完善工作机制，实施行政轮岗

2023年9月，本届行政班子任职刚满2年，学校启动了他们的校内轮岗工作。首先是中层轮岗，除极少数特殊岗位外，其余岗位上的中层全部调任新岗位；其次是实行轮值校长制度，所有副校长（副书记）逐月担任学校轮值校长，主持学校日常校务。这样做的意义在于：第一，鼓励行政工作的交流和创新；第二，促进行政人员个人的专业成长；第三，全方位考察行政人员素质，为学校长远发展建设人才梯队。

党建引领以铸魂，权责明晰以赋能，项目管理以提效，轮值交流以创新。学校内部组织体系的重塑，既不是要与过往决裂，坚决反对垂直领导，也不是彻底拥抱时髦，一味追求扁平，而是回到"如何更好地让教师育人"的出发点，回到"如何更好地让学生学习"的落脚点，思考如何让我们的学校组织变得更具生机活力、更加高效协调。

二、立于中央：奠基理念下的学生管理定位

（一）倡导自主自为，实施立德树人

学校践行"知行合一，体验内生"的德育理念。在操作层面上，我们可以用"自主自为"来概括。以自主培育精英，正是顺德一中的"自主自为"教育。

1. 放手是第一要义。从2018年开始，我们就尝试将体育艺术节等大型、系统性的活动放手交给同学们独立去完成——学生自己策划，自己组织，自己找资源，自己做调配；教师则只需要做必要的指导和保障性的工作。近些年来，学校大型集体活动，大体如是操作，同学们做得漂亮完美，有声有色。这就是对"自主自为"最生动的诠释——把学生置于舞台的正中央，放手让学生去体验、去参与，在切身实践中提升素质、增长才干。

2. 社团是工作载体。顺德一中创设了多达47个优质学生社团，学生以兴趣为纽带，以社团为基础，以学校为舞台，开展丰富的活动，促进全面发展。社团的组织、章程、管理、运营等一应事宜，均由学生自主裁度。得益于学生的才华和用心，不少社团，比如腾龙文学社、模拟联合国社等，都在高层次评比中获得佳绩，发展成为学校的品牌社团。

3. 活动是生长舞台。顺德一中打造了诗词大会、舞林大会、英语晚会等六大品牌文体活动。围绕活动，同学们自主策划，自主举办；围绕节目，同学们自编自导，自演自评。同学们在学校创设的属于自己的舞台上，张扬个性，各展其长，个性潜能得到释放，综合素质得以发展。

（二）广设成长平台，培育核心素养

着眼于顺德一中学生的核心素养培养，我们搭建"三院"平台，开发了"四大关键能力"课程，推进了"五个一百"工程建设。

1. "三院"指的是顺德一中的少年科学院、九章书院、凤山书院。顺德一中少年科学院成立于2019年。它以项目为载体，着力培养学生的创新精神、创新思维和动手能力，旨在培养科学家型创新人才。九章书院成立于2022年1月，取名于古代数学著作《九章算术》。书院立足于弘扬数学史与数学文化，致力于推动顺德一中校园数学文化建设，创办数学类特色活动，打造一中数学文化品牌。凤山书院立足于文学、人文科学、艺术教育，在丰富的系列性的人文艺术活动中，赓续顺德进取精神，提升人文艺术鉴赏能力与审美能力，激发想象力与创造力，增强语言和文字表达能力，从而全面提升人文素养。

2. "四项关键能力"指的是阅读、书写、运算、表达。这是让学生受用终身的关键能力。例如，我们每天都安排十分钟的时间，让学生练字。我们认为，漂亮、得体的书写，不仅是学生形象的外化、高考得分的利器，更重要的是代表了一种对待知识和学习的态度，一种对文化的敬畏精神和正确的价值观。

3. "五个一百"工程指的是一百场科技报告会、一百场人文报告会、一百场读书报告会、一百场电影欣赏报告会、一百场达人报告会。例如，我们每周都会有一个活动——"真人图书馆"，我们会邀请各行各业的杰出人士，如校友、家长、专家、企业家、艺术家，请他们来到一中校园，为同学们做分享，谈社会发展的前沿科技、主流思潮、社会动态、理论热点等。我们认为，这不仅仅是一场有价值的精神分享，也不仅仅是一次职业生涯教育，这是为学生打开一扇窗，让他们看到课堂之外的世界，构建更加完备的知识体系，为其终身发展奠定更加扎实的素养基础。此外，基于这"五个一百"开展的活动，则更加丰富，不胜枚举。

（三）开展特色项目，促进全面发展

近年来，顺德一中根据学校办学条件，基于学生的全面发展，开展了若干特色项目。

1. 跑步健身计划。我们建设有1800米长的环校绿道，据此我们开发了校本课程：三年一千里，一起向未来——跑步健身计划。课程表用集体跑、竞赛跑、打卡、积分等方式，鼓励师生跑步健身。

2. 集团共建共享。我们利用集团优势，将学科竞赛、体育运动、特色课程下沉到集团成员校，下沉到小学、初中，实施优质项目的十二年一贯制培养，构建学生发展的"绿色通道"。

3. 培育体育品牌。我们拓展内外部资源，成立了女子垒球队、女子排球队，高起点、高标准运作，短短几年下来，已经富有成果。尤其是我们的女子排球队，5年参加12次省赛，连续获得冠军，目前正代表广东省参加全国赛，已经进入八强。这也是广东省高中女排至今获得的最好成绩。

4. 青年志愿服务。我们的青年志愿者活动蓬勃开展，志愿者们利用假期来到社区、医院、养老院，甚至回到初中、小学的母校，常态化开展志愿服务，传播了文明风尚，帮助了街坊邻里，传递了一中青年的良好形象，学生也在此过程中成长、受益。

学生管理不应只求一时之利、眼前之得，而应以生为本，从大局着手、高处立意，为其持续发展、长远发展奠定基础、提供平台：关怀个体差异，因势利导发展学生的兴趣特长；关怀全面发展，扎实有效培养学生的发展能力；关怀生命质量，放眼未来引领学生的人生价值。在顺德一中，学生站在学校舞台的中央。

三、达己成人：人文背景下的教师管理路径

（一）锚定职业幸福，六阶生涯激励

"教师专业发展阶段理论"认为，教师的职业生涯可以划分为不同的发展阶段，每一个阶段都有自己独特的问题和任务，要有针对性地找到解决这些问题、完成这些任务的方法与对策，才能实现自身的发展。该理论的提出既有助于教师根据发展阶段制订自身发展的短期和长期的目标，同时也有利于学校或培训机构针对教师专业发展的特点提供促进专业发展的辅助性条件。顺德一中实行教师"入职—新秀—骨干—名师—专家—荣退"六阶职业

生涯激励体系建设，让每一个教龄段的老师都能得到激励，全程护航教师成长。如在入职教师群体中开展新教师入职校本培训课程体系，在新教师群体中实行三导师制师徒结对，在骨干教师中开展青年教师高考教学成长风采展，在名师群体中开展名师精品课程示范周，在专家级教师群体中开展名家专家大讲坛活动，在退休教师中开展荣休教师风采展活动。通过全过程、一系列的激励，我们的教师能在不同的成长阶段，找到具体的目标定位，克服了职业倦怠，充满了干事创业的激情。

（二）着眼专业发展，开展"青蓝工程"

"知识势能理论"认为，教师因其生活经历、受教育程度、工作经验以及个人特质不同，所具有的知识势能也极具差异，具有不同知识势能的教师间形成知识势差，推动教师之间的知识势能由高向低流动。而且，高知识势能的教师在传授、帮助其他教师的实践过程中还有可能生成新的势能。作为校本研修一项基础性的制度安排，"青蓝工程"是多数学校都在做的一项工作，顺德一中的"青蓝工程"主要有两个方面的特点：一是起步早，全程扶苗。我们的新教师在与学校签订就业协议之日起，学校的教研部门就积极跟进，开展新聘教师入职前的线上岗前培训和师徒结对，推荐自主研修书籍和观赏教育电影，引导新教师提前进行角色转变，培育教育情怀；新教师报到后，学校为其开展为期两周的入职培训，渗透学校文化和教育理念，培养教师职业技能，指引职业规划，帮助新教师扣好职业的"第一粒纽扣"。二是"三导师"制度，全方位培养青年教师。我们会为每位"青蓝工程"培养对象配备三名导师——大导师、学科导师、班主任导师。其中，大导师由南粤优秀教师，省、市、区学科带头人，省、市、区、校各级工作室主持人，区名教师，省、市、区骨干教师，以及高校兼职导师、级科组长等担任，全面负责青年教师的规划指引、思想引领、青年教师参赛指导、成长成果验收；学科导师由所在备课组里富有经验的优秀学科教师担任，负责学科教学技能的培养和帮扶；班主任导师由获评市、区、校各级优秀班主任称号的现任班主任、级组长担任，也可以由德育处和年级组推荐优秀班主任担任，负责指导青年教师的班级管理和育人水平的提升。我们力求在教师职业生涯的主要方面，多点、多线、多面地对新教师进行引领。

（三）开展教师研修，开设学术沙龙

《论语》说："不愤不启，不悱不发，举一隅不以三隅反，则不复也。"朋辈的引导和启发，是校本研修的有效途径。同样的工作环境、相似的成长路径，过往者的心路历程，同为教师的专业成长之路，往往能为后来者带来深刻的思想启迪。"相约星期三学术沙龙"是顺德一中校本研修的一个品牌活动，主要由学校名师、骨干教师面向本校教师不同群体，分类开展系列学术讲座和学术研讨。这一活动安排在周三下午开展，故有此名。这一活动有力地营造了学校的学术氛围。一系列优秀的主题讲座，如"向正高迈进""你也可以成为语文省状元老师""名师工作室的那些事""青年班主任的成长之路""高级职称评审你该做些啥"等，兼具理论性和实践性，深受教师欢迎。

（四）提高评价信度，推进自由公平

学术公平和学术自由是学校作为教育机构必然的价值追求，对于教师而言，更是有如空气于生命一般的存在。教师对学校的认同度和信任度，学术上的生命力和创造力，专业发展上的积极性和主动性，都与此息息相关。顺德一中成立有学术委员会。学术委员会作为学校学术评估评价机构，从机构职能、人员遴选到业务操作，积极做到专业性、中立性、去行政化。学校但凡有关职称申报、评优评先、课题遴选、开题结题论证、教师学术荣誉推荐等项目，均由校学术委员会主导形成推荐意见。学术委员会实行现场答辩、材料公开、程序透明、开放观摩的工作模式，具有优良的学术公信力。近年来，学校共开展近50场学术评审活动，涉及每个学科组教师和各类成长需求的教师，起到了很好的学术引领和学术公平评价的作用。

（五）激发成长动力，建立荣誉体系

马斯洛的需求层次理论，将人最高层次的需求界定为"自我实现"的需求。教师的"自我实现"，在一定意义上就是收获学生的成长成才，得到学校和同事公允的认可；层次分明的荣誉体系，切中肯綮的表彰评价，激发了教师成长的内驱力，把握了教师专业发展的动力源。顺德一中具有比较完善的教师荣誉评选制度。教师依循其年龄、资历、业绩、贡献、影响力等维度指标，参与"教坛新秀""领军教师""卓越教师"的评选。其中，教师个人自由申报，材料面向全校公示，学术委员会主持公开遴选，行政会议评议，党委会议（校长办公会）确定。对于获奖教师，我们安排学生写颁奖词，升旗仪式上颁发证书，一次性发放奖金，公众号推介，其事迹在学校教师荣誉墙及宣传栏进行宣传，让优秀教师感受到应有的尊重和骄傲。此外，顺德一中还有一项光荣传统——每季度评选一次"最美一中人"。教师对此珍视有加，很好地在校内起到了振奋师风、弘扬正气的作用。

（六）共享一中幸福，共建一中家园

学校工会积极发挥自身职能，除了组织对生病、生产、困难教职工的慰问，组织教职工文体赛事之外，还对退休教职工给予特别关爱。在教师荣休之时，学校会为他们举行简约而隆重的荣休致敬仪式。每月10日是学校安排的退休教职工聚会、茶叙的固定日子。学校还为退休教职工建设了回校聚会的专门场所——铭恩室。在为青年教师服务方面，学校图书馆建设了"亲子阅读吧"，便于亲子共读；每逢中秋、元旦、儿童节等节日，学校组织亲子游园会，使青年教师拥有满满的获得感和幸福感。

近年来，众多优秀教师在学校脱颖而出，顺德一中成为真正意义上的成才阶梯、学术高地、名师摇篮、心灵港湾、教工家园。因此，在我们看来，教师管理根本的问题是形成文化共识，以共同的价值追求让教师更有归属感和责任感，让优秀的人去成就更优秀的人。

四、借力驱动：开放思维下的环境支持系统

（一）引入现代科技，建设智慧校园

学校全面建设智慧校园，全覆盖万兆光纤宽带，拥有设置配备完善的"智慧教室"，引入科大讯飞优质资源，课堂实施平板教学，在大数据助力下，使得教师的教和学生的学都更加精准，有效实现了学科教学与信息技术深度融合。拥有布局完善的"智创教育中心"实体扩展与应用空间，下设创客园、智慧园、VR区、STEAM教学区、展示厅，是一个多维一体的创客空

间，为创新型人才培养奠定了良好的物质基础。同时，学校与电信公司合作，优化门禁系统、监控系统和电子班牌的联网功能，使得数据和信息的互通反馈更加及时便捷。

（二）美化校园环境，打造学习乐园

近三年来，顺德一中完成了若干重大校园建设项目。耗资千万元完成了图书馆升级改造，"高端大气上档次"，浓郁书香扑面来；新建了环校园的1.8公里长的绿道，亮丽、洁净一路通，散步、慢跑两相宜；在教学楼安装了新电梯，校园美景收眼底，上下方便更通达；对校友楼进行了重新装修，百年一中藏俊秀，学府精神蕴斯楼；对生态园进行了换装升级，曲径通幽引胜景，绿树红花添锦绣；实现了新教学楼"东泰楼"的开工建设，学校体制扩容提上议程。此外，学校还将启动新体艺楼的建设，不久的将来，我们的一中将更加美丽多姿、魅力超然。

（三）借力多方资源，实施开放赋能

学校积极加强与高校合作，引进高端教育资源，如与华东师范大学数学学院合作数学竞赛培尖项目，与华南师范大学达成"卓越教育创建"研究项目合作，与华南理工大学机器人团队打造机器人教育基地项目等；加强与知名企业的合作，如与嘉腾机器人、中国电信建立课程合作关系；积极联系更广泛、更高端的著名高校、著名企业人力资源，著名院士、专家、教授纷纷走进顺德一中，带来最新、最有价值的教育资源；与德国卡塔琳娜文理中学、香港梁铁琚中学、澳门濠江中学等校缔结为姊妹学校，与区内容山中学建立教师交流机制；与四川凉山、贵州台江、西藏林芝、广西河池、广东清远和云浮等地建立帮扶支援关系；还定期召开校长接待日、真人图书馆、退休教师风采展、家长进课堂等活动，成立校友会、家长委员会、膳食委员会等，整合各方资源促进学校发展。

智慧灵动的教学环境、优美厚重的校园环境、开放合作的办学环境、多方参与的育人环境，构成了支撑学校管理的良好生态，有效地促进了师生的共生共长，让我们的教育散发出灵性的光辉和生命的底色，让我们的学校拥有厚重的文化、温情的生命、纯净的底色和广阔的未来。

五、道因时立，术唯人和：我们的学校管理理念

学校管理要正确处理好"变"与"不变"的关系。因时而变的是学校的管理理念，坚守不变的是学校的办学理念。一个学校的办学理念是学校管理的总纲，是学校管理理念的依据和依托。

（一）我们的办学理念：为学生一生发展奠基

"为学生一生发展奠基"是顺德一中的办学理念，它意味着虽然学生的高中学习只有三年的时间，但是学校应不只求一时之利、眼前之得，应以生为本，从大局着手、高处立意，为其持续发展、长远发展奠定基础、提供平台。

"为学生一生发展奠基"要求学校根据学生的成长规律和发展需求，分层分类开展教育教学活动，把学生培养成会做人、会求知、会办事、会健身的"卓越一中人"，让他们走出校门能管理自我、调整自我、提升自我、超越自我，适应社会变化发展的各种需求，并从中实现自己的人生价值和理想目标，让他们做最好的自己，创造自己最精彩的人生，建设祖国，服务社会，贡献人类。

"为学生一生发展奠基"的办学理念，要求我们的学校管理要坚持人文、人本，发现人、研究人、促进人、成就人，以人的发展需求作为教育的价值诉求和逻辑起点，将人的全面发展作为教育的最终目标和行为归宿。

（二）我们的管理理念：道因时立，术唯人和

1. 道因时立。天地道义因时间而存在。道，是学校管理的理念范畴，学校管理的思维、理念要根据时代的变化而变化，要根据时代的主题、内容、要求做出适当的调整。"道"无定论，它在运动中变化、丰富和发展。

2. 术唯人和。术是指学校管理的方式、方法，是具体的策略和措施。学校管理的落实、落地要以"人"——师生为中心。任何举措，其出发点是师生，落脚点也是师生，来自师生、依靠师生、关心师生、为了师生，是有效管理的基本遵循。了解师生需求，解决师生问题，是破解学校管理症结的关键所在。

　　管理无他，大道至简。学校管理，无疑是一件复杂庞大的工作，但若得其要旨，也并非鸿沟天堑。管理有法，而无定法，贵在得法。以上仅仅是我们在顺德一中的学校管理实践中的点滴心得，有心整理，不成体系，更难言高明。但我们相信，如若坚守教育者的初心，牢记"为学生一生发展奠基"的责任和使命，我们不断总结，不断优化，持续提升，相信定会更有收获，未来可期！

第六章

近悦远来

金秋之约，集团盛事

——记顺德一中教育集团即将吸纳新成员的美好时刻

2021年9月7日下午，应顺德区伦教街道办事处、顺德区伦教翁祐中学的邀请，我与袁永恩、欧阳平凡等同志，来到顺德区伦教翁祐中学，与该校领导就吸纳该校为顺德一中教育集团成员校工作进行前期商洽。我们一行受到了伦教街道教育教学研究室主任姚兆军、翁祐中学校长叶宏艺等相关同志的热情欢迎。

宾主双方参观了校园。翁祐中学规划有序的校园布局，整洁雅致的校园环境，彬彬有礼的师生风貌，给来访的我们留下了深刻的印象。

在翁祐中学会议室，双方围绕集团化办学议题展开了深入讨论和交流。

叶宏艺校长简要介绍了翁祐中学的办学情况和近年来取得的优异成绩，表达了借力顺德一中教育集团促进该校优质快速发展的热切期待。

在认真听取了叶宏艺校长工作介绍后，我代表集团在会上阐述了欢迎翁祐中学加入顺德一中教育集团大家庭的愿望。我谈到，在叶校长的带领下，翁祐中学办学思路清晰宏阔、教师队伍斗志昂扬、办学路径特色鲜明、目标规划务实美好，加入顺德一中教育集团，实现双方资源共享，优势互补，恰逢其时。

伦教街道教育教学研究室主任姚兆军也在会上表示，伦教街道对教育高质量发展高度关注，鼓励翁祐中学加入顺德一中教育集团，是街道领导的审慎决策。借助顺德一中这一顺德基础教育"最高学府"的教育品牌优势，吸收借鉴集团内优质初中的办学经验，建立稳健高效的初高中衔接机制，不仅能大大提振翁祐中学师生的士气，同时对进一步提升翁祐中学的教育教学水平也将发挥巨大驱动作用。

会上，双方还就翁祐中学加入顺德一中教育集团的一系列细节进行了商洽。双方共同提议，于近期内举行签约仪式，同步铺开一系列深度教育教学合作。

应叶宏艺校长等翁祐中学校领导的请求，我们还深入该校初三年级创新班的课堂，现场观摩师生教学情况。我对该班同学做了一场即兴讲话，盛赞该班同学勤奋严谨、朝气蓬勃，希望他们能珍惜青春，不负韶华，经过一年努力拼搏，以优异的成绩考入他们理想的高中——顺德一中。

始建于1984年的伦教翁祐中学，是由旅港乡亲翁祐博士捐资兴建的广东省最早的侨捐学校之一。20多年来，翁祐中学成绩丰硕。近8年来，先后为顺德一中输送优质高中生源近120人，其中众多学子从顺德一中考入中山大学、厦门大学、吉林大学等知名学府。

当前，翁祐中学加入顺德一中教育集团的相关筹备工作，正在紧张有序展开。届时，顺德一中教育集团将作为顺德区规模最大、定位最高，涵盖小学、初中、高中各学段的大型教育集团，迎来它的第七位成员。

践行金秋之约，顺德一中的集团化办学之路，正行稳致远，风华正茂。

同气连枝，争当教育协作典范

——写在顺德一中对口贵州省黔东南州台江县民族中学开展东西部教育协作行动计划发表之际

根据《佛山市人民政府　黔东南州人民政府"十四五"时期东西部协作框架协议》《佛山市对口黔东南州2021年东西部协作工作计划》等有关文件要求以及我校与贵州省黔东南州台江县民族中学签订的《实施教育结对协议书》的相关约定，顺德一中于2021年9月，制订发布了教育协作行动计划。

在行动计划中，我们明晰了组织机构，并确立了以下三项工作机制。

1. 实行互访对接。做好顺德区第一中学与结对的台江县民族中学主要领导的互访对接工作，召开联席会议，研究部署工作，切实解决工作中遇到的困难和问题。

2. 召开工作会议。将结对工作纳入学校党委会、校长办公会、行政会的议事范围，经常性就结对工作开展专题研究，优化结对工作方案，提高结对工作实效。

3. 强化组织保障。根据省、市、区统一安排和工作需要，选派赖良才副校长挂任台江县民族中学校长，秦志斌老师赴台江县民族中学支教。积极做好援派干部和专业技术人才的关爱激励工作。

具体协作内容包括以下七个方面。

1. 帮扶教学管理。顺德区第一中学根据教育形势发展的要求，结合具体办学实际，协助台江县民族中学制订学校中长期发展规划，进一步健全和完善学校的各项管理制度；通过"送教上门""专题培训"等多种形式，帮助台江县民族中学进一步提高对教育教学新形势、新任务、新特点、新要求的认识，转变教育观念和管理思想，提高管理水平；定期举办教学合作研讨活动，深入开展教学改革；结合台江县民族中学教育教学难点，制订教学合作计划，落实教学合作措施，带动台江县民族中学提高课堂教学效益和教学质量。我校拟以顺德一中办学品牌"互联·深度"改革作为核心协作项目贯穿结对的3年，在这一主题统率下，以子课题形式，每学期安排一次报告会活动；同时3年统筹，每学期安排10名左右的优秀青年教师，以"互联·深度"教学范式，亲临台江县民族中学为学生授课，3年累计送出精品课100节次以上。此外，我校还鼓励顺德一中优秀教师开展线上支教活动；以"情浓台江"为主题，组织我校优秀退休教师赴台江县民族中学开展短期义务支教活动。

2. 襄助行政工作。顺德区第一中学选派校级领导赴台江县民族中学挂任校长，台江县民族中学可依据双方政府达成的合作协议和工作指引，选派管理人员赴顺德区第一中学挂职锻炼、考察交流，提高学校行政管理水平。计划开展"台中行政进顺一"活动，通过行政层面的观摩学习、跟岗实践，切实提高台江县民族中学的行政管理水平；我校将依托广东省谢大海名校长工作室，开展走进台江民族中学的分享交流活动；将安排顺德一中成员学校行政代表，深入台江县民族中学交流，协助该校优化学校管理；我校还将组织开展派出支教校长、教师中期、期满述职分享报告会，既梳理总结工作，为台江民族中学提供优良的办学经验借鉴，又在全校营造支持协作、携手共进、致敬榜样、学习先进的良好氛围。

3. 提升师资队伍。顺德区第一中学协助台江县民族中学制定教师队伍发展规划，落实教师队伍建设具体措施，不断提高台江县民族中学教师的专业化水平。顺德区第一中学结合台江县民族中学办学实际，帮助台江县民族中学有效开展师德师风建设。顺德区第一中学定期派出中青年骨干教师或学科带头人，到台江县民族中学指导学科教学工作，以提高台江县民族中学教育理念、课堂教学、教育科研等方面的水平；双方互派教师进行短期交流学习，促进相互了解和共同提高。在这一思路指引下，我校计划3年内派出不少于70人次的优秀骨干教师到台江县民族中学"送教上门"，累计送课不少于100节次；安排不少于30人次的骨干教师开展"线上送课"；安排本校校级以上名师团队，全员每人为台江县民族中学做专题培训不少于1次；接待台江县民族中学行政、教师来校跟岗学习、短期培训、工作交流不少于80人次。通过开展"身边的榜样——顺一、台中两校优秀教师事迹报告会"等活动，促进两校师德师风建设。

4. 推进课程改革。顺德区第一中学充分利用普通高中课程改革的有益经验和积极成果，帮助台江县民族中学制订完善具体的课程方案和课程计划，组织实施新课程，促进台江县民族中学积极探索、推进普通高中课程改革。拟携手台江县民族中学深入开展 "三新"线上联合教研暨同课异构活动，聚焦"三新"，解决制约台江县民族中学高质量发展的关键问题；在"三新"大课题的框架下，通过开展顺德一中校本课程展示活动等，帮助台江民族中学构建科学合理的课程体系，完善课程建设。

5. 优化校园文化。顺德区第一中学协助台江县民族中学制订校园文化建设方案，指导校园文化建设的具体措施，逐步形成台江县民族中学独具特色的校园文化。我校将开展"顺德一中社团文化线上展示活动"、"顺台一家亲"顺一——台中教育协作主题书画摄影联展及征文活动、顺——台中校园文化互展活动等，展示两校的校园文化，促进两校师生的情感沟通和人文交流，增进双方友谊。

6. 实施德育合作。双方适时开展学生德育合作交流，互派学生参加夏令营等交流联谊活动。计划开展"顺一——台中优秀学生励志故事线上报告会""顺一——台中优秀学生（家庭）结对暨寒假互访活动"等；计划结合广东省扶贫济困日主题进行旨在结对帮扶学校贫困学子的助贫募捐活动；策划"变形记——顺一——台中学生角色互换体验活动"，鼓励两校学生互换身份角色，深入结对家庭，亲身实践、体验生活、感恩生活、提升素养；筹划顺——台中顺德文化交流夏令营活动和台江文化交流夏令营活动，增进学生对地域文化的理解，促进其综合素质的提高。

7. 大力总结表彰。3年结对协作期间，我校将与台江县民族中学充分合作，共同探讨教育合作和发展的规律，共促教育合作效益的提升。我校将在结对协作期内，组织开展支教人员的述职、分享活动；在活动过程中，积极收集完善档案资料。在结对结束前，适时举行"顺——台中教育协作成果展"及编辑专题总结画册；举办"顺——台中教育协作活动总结表彰会"，高规格、全方位总结3年结对工作，表彰优秀师生，树立典范，弘扬正气。

开展东西部教育协作是党中央的重大战略部署。与贵州省黔东南州台江县民族中学结对协作，是我校承担的一项光荣的政治任务。我校将以积极务实的责任担当，落实工作部署，细化工作要求，压实工作责任，整合各类资源，克服各种困难，力争圆满完成这一崇高使命，为促进区域协调发展和顺德教育高质量发展贡献一中力量！

奋斗不止步 衔恩再出发

——顺德一中建校110周年庆典致各界感谢函

顺德一中建校110周年庆典活动，于2021年12月18日上午成功举行。在社会各界的鼎力支持下，活动过程简约、高效、庄重、热烈，圆满达成了弘扬传统、增进情谊、凝聚力量、创新致远的活动目的。在此，我们向大家致以诚挚的感谢！

我们感谢区委、区政府领导的亲切关怀。百十载顺德一中，铭深恩奋发踔厉。本次校庆，市、区多位领导莅临指导，亲切关怀，殷切勉励，令人鼓舞，催人奋进。

我们感谢一中历任老领导、老教师，历届一中校友，是你们成就了一中，又建设着一中；"一中人"将你们紧紧联结在一起，你们又不断擦亮"一中人"的名字。一中是你们的骄傲，你们也是一中的骄傲。

我们感谢广大专家学者、各大友好单位、各界社会贤达、历届学生家长、热心企业家、社会爱心人士。你们热爱顺德，热心教育；支持一中，大爱无言。你们给予一中的一切鞭策和鼓励、厚望和期待，已融入一中人的血液，化作前行的动力。

我们感谢乐教善导的一中教师和勤勉有为的一中学子。你们用勤奋追求卓越，用进步赢得尊重，用业绩点亮一中。你们在，一中更精彩！

奋斗不止步，衔恩再出发。今年，欣逢伟大的中国共产党成立100周年。当前，我们沐浴党的光辉，"十四五"规划徐徐铺展，顺德教育"四好"工程擘画就绪，一中高歌进取，恰逢其时。秉承"为学生一生发展奠基"的办学理念，坚守"四个学会"的一中校训，全体一中人将继续勇立时代潮头，谱写盛世华章。

承百十载岭南文脉，铸一中人卓越本色。再次感谢各界人士对顺德一中的厚爱和支持，让我们相会于顺德教育更加美好的明天！

仰崇高，行壮美，图幸福

——参加广东省谢大海名校长西藏（林芝）工作站成立仪式有感

2022年6月16日，广东省谢大海名校长西藏（林芝）工作站揭牌仪式在西藏自治区林芝市广东实验中学举行。我作为佛山市顺德区第一中学党委书记、校长，顺德第一中学教育集团发展委员会主任，带领工作室成员代表和顺德第一中学教育集团部分领导参加活动。

活动由林芝市广东实验中学校长米玛次仁主持。林芝市广东实验中学党支部书记马文见在活动中致欢迎辞。他对我们一行的到来表示热烈欢迎，对在该校设立广东省谢大海名校长工作室的工作站表示悦纳和期待。马书记表示，顺德一中是享誉岭南的百年名校，教育教学质量高；设立工作站，对于成立仅有2年的林芝市广东实验中学，具有十分深远的意义。他期望，借助工作站平台，双方密切互动，共同成长：一是聚焦自身成长，做读书治学的先行者；二是聚焦课堂一线，做教育教学工作的实践者；三是聚焦示范引领，做先进教育理念的传播者。

我和马文见书记共同为广东省谢大海名校长工作室西藏（林芝）工作站揭牌。在当天的活动中，我还以"行是知之始，知是行之成"为主题做了德育专题讲座。现场的教育同行对我们的欢迎和感谢，令我颇为感动。

以下是我当天在欢迎仪式上的讲话，存此留念。

非常高兴能在这个花木繁茂、欣欣向荣的时节来到美丽的"藏地江南"——林芝。从昨天开始，或者说从几个月前两校建立起沟通和联系开始，我们就受到了来自贵校马文见书记、米玛次仁校长、刘勇刚主任等领导、老师们的热情接纳；在马书记的致辞中，在充满庄重感的揭牌仪式中，我们尤其深刻地感受到这种周到、包容和善意。

初次见面，一见如故，所谓情投意合的情谊，也许正是如此，请允许我在此诚挚致谢！

林芝是个好地方。在此之前，我们就对这样一个雪域江南、世外桃源的地方心驰神往。这里藏王故事经久流传，桃花娇艳美不胜收，鲁朗小镇静谧悠远，雅鲁藏布江奔腾不息，南迦巴瓦峰雄峙天外，汇聚天地精华，汇集一切美好，正是涤荡心灵、问道教育、探寻理想的妙境所在。

感谢佛山市第九批援藏队，凭借一颗炽热的心，为我们顺德一中和林芝市广东实验中学架设起了友谊的桥梁。我们非常欣慰地看到，林芝市广东实验中学作为一颗耀眼的高原教育明珠，正冉冉升起，又熠熠生辉。学校正在按照市委、市政府"立足林芝，接轨广东"的办学要求，紧紧依托广东教育援藏优势，努力实现从"有学上"到"上好学"的转变；积极推进教育课程和师资建设改革，秉持"优质教育、多元发展"的办学理念，打造西藏一流学校，办好人民满意教育，为林芝教育事业发展腾飞再添新动力。

更令人振奋的是，贵校冠名"广东实验中学"，见证粤、藏两地情谊，凝聚汉、藏两族深情，已经为我们的深入交流、深度合作奠定了优良的基础，创造了亲切的氛围。而今天实实在在身临其境，见到校领导锐意进取，老师们英姿勃发，同学们勤学精进，我们深深为结交的新朋友感到无比骄傲，为求取了教育的知音感到由衷自豪。

千里缘分一线牵。顺德一中是一所具有110年历史的岭南名校，为国家级示范性普通高中，现办学规模为60个教学班，师生人数3300余人。学校有在职正高级教师6人，特级教师2人。2021年高考，一本（重点）率达93%，6人上清华大学、北京大学录取分数线。近年来，学校积极响应上级党委、政府的号召，主动参与东西部教育协作，先后与新疆伽师、四川凉山、贵州黔东南建立教育协作关系。今天，特别的缘分，又让我们走进了西藏这片雪域圣地。

我们此行的目的主要有三：一是同道交流，设立我本人工作室的西藏工作站，也为方便向贵校的优秀校长、行政团队学习，共同探讨教育议题创设平台；二是集团共建，顺德一中教育集团目前有成员校7所，师生人数1.5万人，我们希望通过跨区域的教育交流，为教育集团的高质量发展积极赋能；三是教育协作，通过此次到访，签订两校的教育协作协议，为两校开展全方位的教育协作奠定开局。

万里长征今日始。今天是一个美好的开端，即日起，我们两校将本着兄弟一般的情谊，按照两校教育协作协议积极推进相关项目的落地和实施。

我们诚挚期待与贵校建立常态化的合作机制，常来常往；欢迎贵校派出团队到我校交流跟岗，互通有无；乐见与贵校开展联合教研，共同提高。

我相信，有两校坦诚互鉴，并肩携手，优质教育必将如格桑花开满山野，优秀人才必将如雅江水奔腾千里。

今天的盛会，是我们教育人的情怀生发，是崇高、壮美、幸福的碰撞升华。

它是一支教育协作的奏鸣曲。两校教育人，同心相应，同气相求，为党育人，为国育才，是为崇高！

它是一声区域合作的集结号。广东西藏，跨越千里，万水千山无法阻隔我们对教育本真的探索和携手共进的信念，是为壮美！

它是一场民族团结的欢乐颂。民族大团结，汉藏一家亲。以教育为纽带，串联汉藏学子的青春梦想；以课程为桥梁，连通汉藏青年的广阔空间，是为幸福！

我们确信，我们正在从事一项富有意义的工作。积跬步，致千里；积小流，成江海。我们已有了今日盟约之肇始，亦将持他日一贯之坚持，终将迎未来收获之喜悦！

有朋远来，不亦乐乎

——致顺德一中·江西省大余中学"三新"高级研修班

2022年高考过后，一中校园里满目苍翠、硕果飘香。美丽的一中又迎来了远方的朋友——江西省大余中学的领导和老师代表们，踏上了顺德这片土地。

顺德地处珠江三角洲的腹地，是粤港澳大湾区的重要组成部分。顺德毗邻广州，连通港澳，面积806平方公里；顺德经济发达，工商业繁荣，是历史上的"广东银行"和"岭南壮县"，曾与东莞、中山、南海并称"广东四小虎"，连续十余年居全国百强区之首；顺德文教昌盛，历史上出过状元4人，进士762人，优良的经济和文教基因，为顺德教育的发展和腾飞奠定了良好的基础；顺德文化繁荣，集广府文化之大成，岭南水乡文化浓郁，这里还是粤菜的发祥地，是联合国教科文组织认定的"世界美食之都"。顺德是一座充满活力，宜居、宜业、宜游的幸福之地！

秉承顺德数百年岭南文脉，顺德一中挺立潮头，青春勃发。学校创办于1911年，与辛亥革命爆发之年同年，是一所具有110余年历史的岭南名校，为国家级示范性普通高中。现办学规模为60个教学班，师生人数3300余人。学校有在职正高级教师6人，特级教师2人。学校坚持"为学生一生发展奠基"的办学理念，办学成绩不断提升。2021年高考，一本（重点）率达93%，6人上清华大学、北京大学录取分数线。

大余中学是江西省知名学府，也是我的母校。这是一所百年名校，是江西省首批一级重点中学。它一直秉持"让教育充满生机，让学生提升素养，让学校享誉社会"的办学宗旨，铸炼起"扎根厚土，擎起未来"的办学理念，为社会输送了大量人才，培养了众多行业翘楚和社会精英。这些年，大余中学顺势而为，蒸蒸日上，社会知名度、美誉度和影响力不断提升。作为大余中学校友，我深感骄傲和自豪。

江西是教育大省、教育强省，作为县域中学翘楚的大余中学，在高中办学方面具有非常宝贵的经验和深厚的积淀。大余中学此番到访顺德一中，躬行问道，其谦虚低调的工作作风令人敬佩。更重要的是，两校交流过程中，大余中学的优秀办学经验和教育教学举措，一定会给我们留下深刻的启迪。

虽然，此番交流，大余中学参访团队在顺德一中驻留的时间仅有一天，但是，这一天充满了思维碰撞和灵感启发，十分精彩！

一是互通有无，坦诚深入交流。两校同为区域老校、名校，但不同的地域文化、教育理念和管理模式，使得两校各有特色，互为映照。我们秉承开放、包容的心态诚挚地与大余中学深入交流，互通有无；向大余中学开放全部资源，敞开心扉，全面交流。沟通无界线，进步才会无止境。

二是效益导向，聚焦核心议题。当前，教育发展日新月异。基于"核心素养"的教学革命深入推进，"三新"背景下的教学充满挑战，新的教育评价体系指引教育变革深度演进。两校的合作与交流，聚焦核心议题，探究教育热点，破解教育难题，带来了令人欣喜的教育效益。

三是放眼长远，实施多元合作。今天的交流是一场教育的盛宴——由分管教学和德育的两位优秀的青年中层干部，分别奉上2场精品讲座；14名优秀学科教师，奉上14节精品教研课。此外，课堂观摩、校园参访、自由交流，应有尽有。

期望日后两校的交流与合作，能着眼教学，同时兼顾多元的教育元素；能聚焦教师，同时鼓励学生和家长的人文交流；能常来常往，有交流必有收获！

精诚合作，共赴前程

——参与佛山市教育局赴云浮市开展教育交流活动有感

为深入贯彻落实省委、省政府关于推动基础教育深化改革高质量发展的意见，推进实施全口径全方位融入式结对支持粤东、粤西、粤北地区基础教育工作，佛山市教育局组织强大的名校（园）长专家团队赴云浮市开展教育交流活动，我有幸受邀参加。

2022年9月19日上午，来自佛山、云浮两地的校（园）长们在云城区长州酒店举行了盛大的开班启动仪式。佛山市教师发展中心主任舒悦，华南师范大学教育科学学院院长、粤港澳大湾区教师教育学院执行院长李盛兵，云浮市教育局党组成员、邓发纪念中学党委书记张育川，及来自云浮市直和云城区各乡镇的中小学校长、幼儿园园长参加了活动开班仪式。

在开班仪式上，我代表名校长团队发言。9月22日上午，我做了题为"从'奠基'到'卓越'——顺德一中学校文化建设的思考与实践"的讲座。云浮市各高中学校校长、全市学校管理干部以线上、线下相结合的方式听取了讲座。在讲座中，我阐述了我校对学校文化的理解和学校的文化建设体系，分享了我校典型的文化建设案例和若干经验，并对学校文化建设的未来之路做了说明。

现将我在开班仪式上的讲话整理如下，聊表纪念。

当下正是秋风渐起的时节，我们来到美丽的西江之滨，与云浮的同行交流切磋。

按照要求，我们此行肩负着重要的责任和使命。本次交流活动是为了推进支持粤东、粤西、粤北地区基础教育工作，是为了支持云浮市校长办学治校高质量发展，是为了对接云浮建立健全现代学校管理制度。

作为一名工作在佛山基础教育第一线的学校管理者，我想分享在工作中的一些心得。

近些年来，佛山教育在"五好"方向指引下，落实立德树人根本任务，落实"双减"政策，力推"五育并举"，让学科回归本质，让教育回归初衷，让学习回归本位。佛山教育在继续保持全省领先的基础上，为广东全省教育的高质量发展贡献了佛山力量。

在此背景下，我本人所在的顺德一中，也迎来发展的新机遇。2022年，顺德一中再创高考的优异成绩，各项工作不断突破。成绩的取得，得益于规范办学，得益于准确定位，得益于务实进取，也得益于创新求变。这与我们本次交流的主题是一致的。

近年来，顺德一中也担负起多项交流对接任务。我们先后派出教师赴新疆伽师、四川凉山、贵州台江等地支教。在省内，我们与包括云浮市新兴一中在内的多所学校结成了合作关系。在与新兴一中近十年的合作中，我们始终聚焦教育的痛点、难点、关键点，互派教师交流共进，频繁互访多点合作。就在本周，新兴一中再次派出19人的团队，来到顺德一中开展为期两周的跟岗学习；而顺德一中也对新兴一中，从学校宏观管理到教育教学的各项细节，予以全面支持。双方的合作正朝着良性方向稳健发展。

云浮人文荟萃，人杰地灵。云浮市近年来在教育领域持续增加投入，深化教育改革，促进教育交流，取得了丰硕的成果。云浮的教育同行也有很多教育的真知灼见值得我们吸收和借鉴。

"路虽远行则将至，事虽难做则必成。"很高兴看到本次交流活动能够做到以下四点。

1. 坦诚交流，彼此启迪。教育的智慧，只有在交流与碰撞中才能迸发和升华，我们乐见本次交流活动，我们带着观点而来，带着方案而归，大胆争鸣，积极互动。

2. 聚焦热点，积极探索。当前，"双减""三新""评价制度改革"等一系列教育热点，正在引导学校办学做出深刻调整。在新形势下，如何落实政策，促进教育高质量发展，值得大家深入探讨。

3. 关切差异，实事求是。云浮与佛山有着教育本质的共通性，但也存在各种条件的差异性。我们的交流互鉴，措施建议，应该既要体现教育的一般规律，也要立足实际，提高针对性和可行性。

4. 行稳致远，常态化合作。教育是场马拉松，教育需要"慢"节奏。云浮与佛山也可以建立面向长远发展，更为紧密有效的、常态化的合作机制，多探讨，广交流，有的放矢，行稳致远。

云浮与佛山，同饮西江水，共育一方人；一衣带水，守望相助。相信本次交流活动一定能圆满成功。愿我们紧密携手，共赴前程；也期待我们花开并蒂，硕果同归。

名校逢盛会，高质赋新章

——写在2023年校长峰会及教育教学开放日之际

2023年3月17日至18日，"破局·创变——2023高中高质量发展校长百人峰会"（广东站）在佛山市顺德区第一中学圆满举行。活动期间，同步举行了2023年广东省校本研修示范学校与培育学校校长及学科首席专家专项培训暨佛山市顺德区第一中学"高质量发展背景下实践创新成果展示活动"，以及顺德一中"互联·深度"第四届"华南师范大学—中小学协同发展联盟"教育教学开放日等多项活动，规模盛大，形式丰富。华南师范大学专家学者联手佛山市、区教研员，与省内多所名校青年才俊共同探讨单元整体教学教改实践。

本次峰会由广东省中小学教师校本研修项目办公室、佛山市教育局教学研究室指导，佛山市顺德区第一中学、广东省谢大海名校长工作室、杭州铭师堂联合主办。来自全国十几个省市的2000余名教育部门领导、高中校长、主任、骨干教师莅临学校现场，800余位嘉宾参加校长峰会主会场活动。

中国教育科学研究院教育体制机制改革研究所所长、研究员王烽，华南师范大学教务处副处长赵艺，广东省中小学校长培训中心办公室副主任谈心，佛山市教育局教学研究室主任彭海燕，佛山市顺德区教育局副局长冼弥冬，佛山市顺德区教育发展中心主任王涛，杭州铭师堂市场部执行总经理郭庆伦，杭州铭师堂信息化建设发展中心主任王健，杭州铭师堂广东分公司总经理张丹杰等领导嘉宾莅临现场。

开幕式上，佛山市教育局教研室主任彭海燕、杭州铭师堂市场部执行总经理郭庆伦、广东省中小学校长培训中心办公室副主任谈心先后做了热情洋溢的开幕致辞。

峰会期间，来自北京、浙江、湖北、江苏等地的多名专家学者，围绕教育新政策、拔尖创新人才培养、学校精细化管理、"教育数字化"融合育人等方面进行了深入讲解，为与会嘉宾带来了一场场干货十足的精彩报告。

王烽所长围绕"普通高中多样化发展的战略与政策"做主题报告；杭州铭师堂学科主任吴鎏琳结合"教育＋科技"的互联网化实践，分享优质资源如何助力学校高质量发展；常州市教科院副院长李能国围绕"教育新政下的课堂重构和管理创新"展开专题讲座；湖北襄阳市第五中学副校长贺欣荣，江苏省昆山中学原党委书记、校长徐晓林带来了学校的高品质办学实践和人才培养的优秀做法。

会上，我也带来了一场题为"'为学生一生发展奠基'——顺德一中的学校文化底色"的主题分享，从学校的历史发展和文化基因追本溯源，深入解析一中文化的"奠基"和"卓越"。

3月17日，顺德一中携手"华南师范大学—中小学协同发展联盟"，面向全省举办第四届"互联·深度——本味、溢味、回味"教育教学开放日活动。来自全省各地高中学校的领导、教师共1200余人参会，共同探讨单元整体教学教改实践。

来自顺德一中和"华南师范大学—中小学协同发展联盟"高中学校的优秀教师同台献技、各展所长，展示高考九大学科情境化单元整体教学，以递进问题为驱动、以实践活动为载体、以学生发展为主体的灵动课堂。

这是顺德一中继2019年举办"互联·深度——新技术　新教学　新高考"全国研讨会活动以来，再次为全国教育工作者带来的教育教学饕餮盛宴。我们邀请全国名校长、九大学科专家学者、全省教改青年才俊齐聚顺德，搭建丰富多样的学习交流平台，研学共建，深入交流，将"三新"背景下的课堂教学改革推进到新阶段，以创新引领未来发展。

一天半精彩纷呈的活动内容，让参会的教育同仁互学互鉴，共思共享，收获丰盛，将助力高中学校提升办学品位和育人品质，促进高中教育的高质量发展！

纵观本次盛会，我认真复盘梳理，得出以下观点。

1. 全国盛会，至高规格。这次校长峰会是全国性峰会，有来自全国12个省市的800余名校长参加，教育教学开放日由华南师范大学领衔的省级中小学协同发展联盟举办，同时还有省校长培训中心的参与和加持，多重因素叠加，规格层次之高为近年所罕见。

2. 大咖云集，指导性强。本次盛会，多名具有全国影响力的教育专家来校讲学，阵容强大，他们或开设讲座，或指导教学，下沉学校，把脉教育，给予一线教育教学积极有效的指导。

3. 来宾众多，影响力大。据不完全统计，本次盛会共有800余名校长、2000余名教师参加。学校礼堂一楼800余个座位全部满座；九大学科教研授课场地济济一堂，很多老师在室外走廊听课。本次活动参会人数众多，彰显了我校巨大的社会影响力。

4. 高效筹备，执行力强。本次活动，筹备时间仅有两周。时间紧，任务重，学校行政团队在班子坚强有力的领导下，带领部门、科组教师积极行动，忘我工作，优质高效地完成活动筹备任务，彰显了学校极强的动员能力和执行力，彰显了一中速度、一中效率。

5. 组织有序，普获好评。本次活动涉及多个承办主体、多类参会主体，多元主题叠加，统筹组织难度大。学校科学布局，缜密筹划，重点在请示沟通、教研组织、任务协调、场室安排、会务餐务、人员分工等方面做足工作，整个活动整体铺排、组织有序，学校组织管理水平受到各方赞许。

6. 落实细节，管理到位。在活动组织过程中，学校一方面控制大局，另一方面落实细节。精准邀约以及统计参会人数，与上级单位和合作伙伴精确对接，科学合理安排教研活动，全天候、全点位的接待指引，暖心周到的食堂用餐和会议茶歇安排，等等，都让来宾感到舒心、贴心。

7. 师生参与，精诚团结。全校师生对于本次活动深度参与、高度配合，彰显了一中人"一家人、一件事、一起干、一定赢"的价值认同。全校教职工以主人态度，广泛参与接待、指引、会务服务等工作，服从大局，服从安排，从细落实，让来宾有宾至如归之感；广大同学文明有礼，积极主动，彰显了一中学子应有的精神风貌。

8. 宣传得法，提升美誉。本次活动共有顺德电视台和《南方日报》《珠江商报》《广州日报》《佛山日报》《南方都市报》《信息时报》等多家媒体参与报道，媒体共助，报道密集；本校微信公众号开展了活动前、活动中、活动后全链条报道，深度、客观、全面，全景展示了顺德一中和本次盛会的良好形象，提升了学校的社会美誉度。

促进区域发展，贡献一中力量

——写在与安远县第一中学东校区、潮州市高级中学教育结对共建工作签约之际

2023年4月，正值草木芳菲，春光恰好，一中校园里满目苍翠、生机盎然。安远县第一中学东校区、潮州市高级中学的领导和老师代表们，在顺德一中签订教育结对共建相关协议。

早在今年2月，潮州市高级中学行政管理干部及骨干教师，在我校开启了为期两个月的跟岗学习活动，双方在学校管理、教学教研、高考备考等方面进行了深入的探讨交流，同时也结下了深厚的友谊。

4月，我们又迎来了江西省安远县的领导们和安远县第一中学东校区的领导和老师们。大家携手问道，探寻教育真谛，令人期待。江西是教育大省、教育强省，安远县第一中学东校区是由安远县委、县政府于2021年新创办的一所高标准公办重点建设高中。相信在两校交流过程中，贵校的优秀办学经验和教育教学举措，一定会给我们带来深刻的启迪。

顺德一中作为广东省校本研修示范校，一直与省内外多所兄弟学校结对共建，相互交流学习，谋求共同发展。根据广东省人民政府在《广东省推动基础教育高质量发展行动方案》中提出的要对粤东、粤西、粤北地区基础教育开展建立全口径、全方面、融入式结对帮扶机制，我们做了很多工作。

如今与安远县第一中学东校区、潮州市高级中学结对协作，是我校承担的一项光荣的工作任务。我们怀着巨大的诚意和满满的责任感，希望能为地

区基础教育均衡发展贡献一中力量。

我们期待以今天的签约为契机，与安远县第一中学东校区、潮州市高级中学携手同心共奋进，依托顺德教育的资源优势，进一步深化地区之间的交流协作，促进区域间教师队伍的均衡发展，助推教育教学质量的提升。

我们秉承开放、包容的心态诚挚期待与两校深入交流。我们将尽最大的努力做到三点：第一，始终以高度的政治站位，为高质量完成教育协作任务实施坚强有力的措施保障；第二，始终以诚恳负责的态度，共享教育资源，开展深度合作，为安远县第一中学东校区、潮州市高级中学提供切实有效的资源供给；第三，始终以求真务实的作风，聚焦重点工作，着眼质量提升，为安远县第一中学东校区、潮州市高级中学提供实实在在的力量支撑。

真诚希望一中与两校的交流与合作能常来常往，形成机制，必有收获。我们将以积极务实的责任担当，落实工作部署，细化工作要求，压实工作责任，整合各类资源，克服各种困难，力争圆满达成这一崇高使命，为促进区域协调发展、振兴三地教育，传承顺德精神，贡献一中力量！

祝愿顺德一中和安远县第一中学东校区、潮州市高级中学友谊长青，祝愿我们共同的事业蒸蒸日上、生机勃勃、硕果累累！

附：潮州高级中学跟岗学员谢灏主任在顺德一中升旗仪式上的演讲

尊敬的各位领导，亲爱的老师、同学们：

大家上午好！

我是来自潮州市高级中学的谢灏。潮州是国家历史文化名城、中国婚纱晚礼服名城、潮菜之乡、新兴网红旅游城市、美丽侨乡，热烈欢迎老师同学们有空来走走，"有闲来喝茶"（潮州话）！

从2月8日起，我和我的四位同事一起，来到顺德一中开启为期两个月的跟岗学习。从那时起，我们跟岗学习小组就跟同学们一样，成为顺德一中的"学生"，所以，从成为顺一学子的时间顺序来讲，同学们都是我们的师兄师姐。到如今，我们跟岗已经一个月有余，已经是顺德一中的"忠实粉丝"了！

一个多月以来，我们学习的心得体会，可谓无比丰富，收获万千，总结起来讲就是：顺德一中真好，学校管理层真给力！老师们真厉害！同学们真优秀！

为何这样讲呢？请听我一一道来！

一、顺一的学校管理层真给力

我们常常把读书求学比喻为学海泛舟，又常说学海无涯，那大海航行，靠什么呀？靠舵手！对不对？顺德一中的舵手是谁？是以谢校长为首的学校领导班子是不是？

我们说要有一所好学校，首先要有一个好校长、好班子！初见谢校长，是在欢迎会上，在他充满爱心的笑容中，我就有一种如沐春风、春暖花开之感！再见谢校长，是在他百忙之中抽出时间带我们去看大课间时。他一路跟我们讲学校是如何关心学生的身心健康的，如何重视大课间活动的，如何开展"三年千里"长跑活动的。到运动场时，还不失时机地给即将出征参加高考体育术科考试的同学们加油鼓劲！这一切都是如此从容与动人，这一路我们又被他的高瞻远瞩、专业水准和对学生的关爱所震撼到了！总之，他具备我们对一个好校长的所有期待和梦想！同学们，拥有这样严父慈母般的校长，你们真幸福！

在谢校长的以身作则、示范引领下，学校的其他领导和管理人员也是以校为家、爱生如子、敬业如初！我们有幸见识了陕校长的活力干练，袁校长的宏韬伟略，何校长对高考研究的"专精特新"，赖书记的儒雅睿智，这些都给我们留下了深刻的印象。在这里给大家分享一个小故事。那是一个天刚蒙蒙亮的早晨，在高三的一间教室里，我突然发现一个西装笔挺的男老师正在给同学们讲课。走近一看，啊，居然是赖书记！当时是六点半不到啊，身为副校级领导，却早已下沉课堂，他是如此拼命！他为的是什么？图的是什么？同学们对学校领导的认可与敬爱，也体现在留言板上的小卡片中。同学们说了什么呢？"谢天谢地谢校长，赖父赖母赖书记！"你看，把校长和书记并列于天地父母的高度，热爱之情，洋溢其中！

二、顺一的老师们真厉害

顺一的老师有多厉害，这从我们的跟岗小组成员每天争分夺秒、每课必听的听课热情中可见一斑！学校在编的教职员工263人中，正高级教师8人，特级教师2人，高级教师96人，研究生学历128人，全国优秀教师和南粤优秀教师8人，广东省名校长、名教师、名班主任工作室3个。最近两年招聘来的教师，更是以清华大学、北京大学等双一流以上的名牌大学的硕士、博士为主，今年还在招聘专门服务于五大学科竞赛的金牌教练！这样的师资队伍真的是群星灿烂，名师满座，堪称天团啊！老师们不但起点高，而且工作还特别努力，敬业精神更是满满的！这一点，相信同学们的感触比我们更深！同学们，名师出高徒啊！人生最大的幸事，莫过于在你求学之年，能够遇上良师益友啊！遇上了，我们就要好好珍惜！

三、顺一的同学们真优秀

顺一的同学们有多优秀？这从近几年来学校一直在高位稳步攀升可以看出。学校的办学理念是"为学生一生发展奠基"，学校也是尽一切可能创造一切条件和机会，通过各种各样的校本活动课程，以社团常规活动和重大主题活动为抓手，把同学们推向学校舞台的中央，相信同学们的自治自管能力。老师们更是甘当同学们成长的麦田守望者和幕后引路人，让同学们活跃于校园活动的方方面面，成为学校的小当家、小主人。同学们适应一生发展和社会发展所需要的关键品质和核心素养，也在活动中得到了锻炼和培养。同学们，能够在一个如此信任学生的学校中读书，咱们没有理由不珍惜、不努力啊！

一日顺一人，一生顺一情！领导、老师、同学们，时光如水，日月如梭，转眼间，我们的跟岗学习的进程已过半，借此机会，再次感谢这一个多月来大家的热情帮助和大力支持，希望在接下来的一个月里能够继续得到大家的照顾和支持。我们一定会珍惜在顺一跟岗学习的每一天，回去之后也一定会以顺一为荣，继续在潮州讲好顺一的故事，把顺一的精神发扬光大！最后祝福顺德一中和我们每个人一生都顺风顺水，永争第一！

　　谢谢大家！

千里同携手　粤桂一家亲

——记顺德一中教育集团赴广西河池市教育交流暨广东省谢大海名校长工作室广西（河池）工作站揭牌仪式

为响应国家号召，进一步推动粤、桂两地的教育交流与合作，2023年6月20日，我带领省名校长工作室团队、顺德一中教育集团核心成员校的相关领导和顺德一中优秀教师一行13人来到全国唯一的仫佬族自治县——广西罗城仫佬族自治县开展教学交流活动。同期，"广东省谢大海名校长工作室广西（河池）工作站"正式揭牌成立。

当天上午，罗城高中的多媒体报告厅内高朋满座，洋溢着热烈欢乐的气氛。罗城县人大常委会阳主任、河池市教育局教科所冯副所长、罗城县教育局廖副局长、罗城高中党委韦书记以及学校全体教职员工为远道而来的客人举行了简单而隆重的欢迎仪式。

仪式上，阳主任对我们一行的到来表示了热烈的欢迎和衷心的感谢。他希望罗城高中要以此次活动为契机，积极探讨教育集团化的发展道路，为罗城教育乃至广西教育做出新的更大的贡献。

随后，我向罗城高中的韦锦贵、李自斌、梁小娟、梁战强、吴祯华5位同志颁发了"谢大海名校长工作室成员证书"，并向对方学校赠送了纪念品。在金鸡山下的教研楼前，各位领导嘉宾共同为"广东省谢大海名校长工作室广西（河池）工作站"进行了揭牌。

在此，附录我在揭牌仪式的感言，以纪念。

八桂大地，民族之乡；芳菲世界，神州沃壤。非常荣幸来到仫佬山乡，美丽罗城，参加我们教育人的盛会！

在罗城，我们顺德一中教育集团的各位同事，以及工作室的各位校长，受到了"地主"们的热烈欢迎和热情接待，非常感动。古语有云："有朋自远方来，不亦乐乎？"今天，我想说："有朋在罗城，不亦乐乎！"

朋友相会，自当自我介绍。

顺德位于珠江三角洲腹地，面积806平方公里，常住人口323万人。顺德有几张闪耀的名片——它是世界美食之都，是制造重镇，美的、万和、科龙、格兰仕、康宝等世界知名制造业品牌汇集在这里；它是经济强区，已连续12年被评为全国高质量发展和综合实力百强区第一名；它还是状元之乡，古代科举取士以来，广东共出文状元9人，其中顺德占了3人。

顺德一中建校于1911年2月。学校占地面积250亩，教学班64个，师生超3500人。顺德一中是佛山市三所"卓越高中"之一。近年来，学校稳健发展，办学业绩呈现逐年上升的良好态势。

顺德一中教育集团成立于2018年12月，目前包含以顺德区第一中学为核心的7所成员学校，现有教学班375个，师生近2万人，是顺德目前规模最大的教育集团。2022年，集团被评为省优质教育集团创建单位。

罗城自古钟灵毓秀，人杰地灵。这里不仅风光秀丽，民风淳朴，而且文风兴盛，人才辈出。一代清官于成龙的故事更是家喻户晓。罗城高中有着85年的办学历史，是驰名八桂的历史名校，秉承"人人成功，个个成才"的办学精神理念，为祖国培养了大量精英人才。

为响应党和政府关于区域教育协作相关工作要求，肩负广东省名校长工作室及省优质教育集团使命，在两地教育主管部门的亲切关怀下，也应罗城高中韦锦贵书记在今年3月来顺德一中参加全国校长峰会时，与我们顺德一中教育集团以及我本人达成的合作意向，我们本次广西之行得以顺利成行。

　　广东和广西均属岭南，一衣带水，两广同宗。本次到访罗城，顺德一中教育集团及我本人的工作室派出骨干管理团队及卓越教师团队参与活动。我们将开展主题分享、同课异构等活动。相信本次活动，能为我们双方带来有益的启迪。

　　我们真诚希望：今后双方建立务实高效的合作机制，加强两地两校联系联动，在集团办学、学校管理、课程开发、校本研修、学校文化建设以及学生交流互访等方面深化合作，共促进步，共享成果，共谋未来。

　　今日的相逢是我们长久合作的起点，今日的一小步代表着两地两校全面合作实质性的一大步。我们也真诚邀请河池市、罗城县两级领导以及罗城高中教育同行，在适当时机，屈驾顺德一中指导工作。我相信，那将是顺德的教育美事、盛事，也将为顺德一中及教育集团的发展带来新的生机和能量！

相知无远近 天涯若比邻

——德国卡塔琳娜文理中学到访顺德一中有感

2023年10月，当下时令进入了秋季。在中国文化中，秋季厚重而美好。它天高云淡，唐朝诗人刘禹锡说"晴空一鹤排云上，便引诗情到碧霄"；它收获成熟，宋代词人辛弃疾说"稻花香里说丰年，听取蛙声一片"。它的美，正如宋代文学家苏轼说的那样，"一年好景君须记，最是橙黄橘绿时"。也正是在这个"橙黄橘绿"的美好季节，我们迎来了来自德国卡塔琳娜文理中学的尊贵客人。

"顺峰文脉奠基人生，德中情谊山高水长。"从2017年两校签协议到现在，我们的交流虽然历经波折，但是从未停歇。今年7月，顺德一中的22名学子跋山涉水，与德国的朋友们见面了。在这段时间里，我们跨越了地域的限制和文化的差异，收获了友谊，收获了见识，收获了成长。

相知无远近，千里觅知音。在德国，孩子接受教育的每个日常，留给我们深刻的印象，同时激起我们强烈的共鸣。顺德一中是一所具有110余年办学历史的岭南名校，秉承"为学生一生发展奠基"的办学理念和"学会做人、学会求知、学会办事、学会健身"的校训，致力于学生全面发展和综合素质的提升。美丽的顺德是中华传统文化保留传承得最好的地区之一，这里是粤港澳大湾区的几何中心，是全国知名的状元之乡、戏曲之乡，更是享有世界声誉的美食之都、家电之都、家具之都。顺德是大家了解中国的一扇窗户，也是读懂中国的一把钥匙。

这一切，让我们充满期待。

　　我们希望德、中双方少年要用心交流，筑牢两国友谊之基，全面体察两国文化之美，放眼瞩目世界未来，围绕教育、科学、文化、艺术、人文、历史、环境保护等话题广泛开展交流，充实交流内涵品质，敢于发表意见，善于对比发现，美人之美，美美与共。我们鼓励大家诉诸笔端，形成文字，撰写有思想内涵和人文之美的交流札记和调研报告。胸怀世界，放眼未来，聚焦世界面临的共性问题，探究人类和平共处的长远之道，善于做人类命运共同体的见证者和建设者。

　　亲爱的朋友们，"有朋自远方来，不亦乐乎！"感谢顺德区外事局、区教育局给予的大力支持，感谢为本次交流活动付出劳动的各位家长朋友。我乐见德国朋友在顺德的八天时间里，目光所及是壮美中国、风华盛世，心中感念是礼仪之邦、创新之城。

　　最后，我想借用中国唐代诗人王勃的诗句作结——"海内存知己，天涯若比邻"。知己是朋友的最高境界，比邻是心灵的最近距离。诚挚祝愿我们两校友谊山高水长，衷心祝福本次交流顺利圆满。

万里为邻　互鉴共进

—— 写在德国因戈尔施塔特市参访团到访顺德一中之际

相知无远近，万里尚为邻。2023年11月3日，我们非常高兴地迎来了不远万里来到顺德的德国因戈尔施塔特市的朋友。

对德国巴伐利亚州因戈尔施塔特市，我们顺德一中的师生并不陌生。因为早在七年前，我们就与该市的卡塔琳娜文理中学缔结友好，而该市时任市长先生也曾在2017年到访我校。

我们知道，因戈尔施塔特坐落在"蓝色多瑙河"河谷宽阔的平原上，这是一座充满生机的魅力之城，它将历史、传统和现代近乎完美地融合在一起。这里有巴伐利亚军队博物馆和德国医学史博物馆，这里也是百年汽车品牌奥迪的故乡。

顺德是佛山五个市辖区之一。顺德是中国经济活跃的地区之一，也是中华传统文化保留传承得最好的地区之一，这里是粤港澳大湾区的几何中心，是全国知名的状元之乡、戏曲之乡，更是享有世界声誉的美食之都、家电之都、家具之都。

中德交流，源远流长。得益于中德的友好往来和产业合作，大众汽车的生产基地落户佛山，巨大的投资规模和优良的品牌效应，为佛山赢得了声誉，也正得益于此，我校于2017年与该市的卡塔琳娜文理中学结成姊妹学校。此后，我们两所学校之间保持了频繁且友好的互动和往来。七年间，我校与卡塔琳娜文理中学实现了三次互访。而最近一次互访，则发生在2023年的7月和10月。

佛山市与因戈尔施塔特市，顺德一中与卡塔琳娜文理中学，就是这样，以产业和教育为纽带，深植信任和友谊之根，如今枝繁叶茂，硕果累累。

顺德一中是一所具有110余年办学历史和丰厚积淀的岭南名校，秉承"为学生一生发展奠基"的办学理念和"学会做人、学会求知、学会办事、学会健身"的校训，致力于学生全面发展和综合素质的提升。百余年来，学校为国家和社会培养了数以十万计的杰出人才和优秀校友。

顺德一中向来重视对外交流，以开阔师生的国际视野。自2016年以来，顺德一中先后接待英国、美国、澳大利亚等国家，以及中国香港、澳门等地区的数十个教育团体。其中我们与因戈尔施塔特市以及卡塔琳娜文理中学的联系和交往则是频繁而紧密的典范之一。

万里为邻，互鉴共进。德意志民族是一个善于创造奇迹的民族，其勤奋、敬业、沉稳、守时、严谨、有序的民族品格值得我们深深学习；德国在建筑、材料、机械、制造、科技、教育、文化、医疗等方面的成就，也给我们带来深刻的启迪。

时值深秋，盛事如约。今天的重逢，为我们的友谊再启新篇章。我们期待通过与因戈尔施塔特市代表团的深入交流，巩固我们更为长久、稳定的合作关系；在既有的基础上，进一步丰富合作内涵，拓展交流空间；面向长远和未来，为两国、两市的青少年健康成长搭建更为优质的平台。

第七章

砥砺真我

为党育人，为国育才，为学生一生发展奠基
——我的思政、德育教学思与行

从1988年至2024年，我在顺德教育、教学、管理岗位上工作了36年，一直从事思政课教学及德育相关工作。在教育教学实践中，我且行且悟，不断学习提升，也不断总结反思。

一、明道信道守初心，立德树人担使命

作为思政课教师和多年主管德育工作的学校领导，我深知要让学生修大道、走正道，自己必先成为有道之人，后才能成为传道之师。为党育人，为国育才，培养能担当民族复兴大任的时代新人，是我们人才培养的目标方向和根本遵循。立德树人是我们的使命，也是我作为思政课教师、校长必须去努力完成的任务。

二、立足于学生的主体地位，构建德育理念体系

（一）"为学生一生发展奠基"是我的办学理念

2001年9月，我作为主要参与者，提出了顺德一中的办学理念：为学生一生发展奠基。它包含了两个方面的内涵。

1. 学生是教育的主体，"为学生"是我们教育的初心；"一生发展"是我们实施教育影响的时间跨度和对教育目标的质量追求，拒绝教育的功利化倾向和短视行为；"奠基"是基础教育的任务，我们的学校教育要为学生一生发展奠定坚实的核心素养基础。

2. 教育应当着眼未来，培养学生的家国情怀，关怀学生一生的生命质量；应当关怀学生的全面发展，培养其扎实的发展能力；应当关怀学生的个体差异，因势利导发展学生的兴趣与特长。二十多年来，我一直遵循这一办学理念统领学校工作，并不断丰富发展其内涵。

（二）"知行合一，体验内生"是我的德育理念

我们强调学生的实践和参与体验，使其通过观摩、倾听、岗位锻炼、动手实践、活动组织等，多方位去探索、去感受、去理解、去学习，在身临其境中增长解决问题的才干，在体验中认识世界并形成良好的行为习惯，不断进行情感和道德的自我完善与解放，以此达到体认、内化、内省的效果，从而激发生命活力，实现学生自主性精神生长，满足学生追求美好的内在需要，达成知与行的正确统一。因此，在学校德育课程的实施中，我主张学生的自主自为，创设众多可参与的平台，鼓励学生实践。

（三）"互联·深度"是我的教学理念

2016年以来，我基于顺德一中的办学实际，提出了"互联·深度"的教学理念。这一理念有两层内涵。

1. 技术层面：利用信息技术实现教与学的理念重塑、结构重组、流程再造和模式重建，构建以学生发展为本的新型教学关系，实现深度的"课堂革命"。

2. 核心层面：学校的重要使命或功能之一就是广泛采集、吸纳一切有益的教育资源，经过深度加工、细致打磨，形成精品教育课程，服务于学生的成长，为学生打开一扇又一扇未知的窗口，对创新拔尖人才培养高位引领，对学生一生发展产生深刻、持久影响。

顺德一中没有围墙，教育天地无限广阔。随着时代的发展，我校已基本建成智慧校园，学生人手一台平板电脑，有47个学生社团和近百个校本课程，多个社团被评为省级优秀社团。

三、立足于学生的核心素养，打造高质量德育课程

我是一名思政课教师，也是一名学校管理者和德育工作者，思政教育教学和德育教学工作相得益彰，共同服务于"立德树人"的教育任务。在思政、德育教学实践中，我重视学生的核心素养培养，致力于打造高质量的课程体系。1988年至2001年，我执教10届高三班级，成绩优异，培才不辍；近年来，我作为学校党委书记、校长，依然承担了一个班的思政课教学任务，并且直接指导、参与德育课程开发和教学，不乏成功案例。

（一）坚持价值导向，发挥思政课的育人导向

我的思政课，十余年一直坚持课前5分钟的时事教学。早在1994年，我就在每周一早上留出40分钟单列为时事学习时间，后开发为时事热点问题分析校本课程，沿用至今；创办佛山首家青年团校，我亲自为学生上团课，成功经验被团省委推广；2001年我担任主管校长后，每学期的开学第一课，必是由我主讲；2005年起，我创办学校青年党校，亲自为学生讲授党课，延续至今。只有我们愈发牢牢把握方向和旗帜，学生才愈发坚定理想和信念。

（二）坚持理论联系实际，学以致用

思政和德育课程的效果，一部分来自书本学习，但大部分来自对社会现实生活的认识。理论联系实际是学习的灵魂，也是要求。我鼓励把学生带出"小课堂"，走进"大社会"，去研学、访贫、调研、游历、学农，让教学活动接地气，也让教学有温度。

（三）坚持全面发展，能力为重，素质为先

我注重教学过程以生为本，因材施教。既夯实基础，更锻炼能力；既"授人以鱼"，更"授人以渔"。讨论、辩论、调研、实验、合作探究都是良好的手段，一中毕业生更是普遍以自信、从容、大方、精干的形象活跃在精英职场。

（四）坚守教学一线，科学施策

多年来，我一直担任毕业班年级领导小组组长，亲自主持毕业班教学方案的制定和实施，直接参与毕业班一线教育教学，参与备课组活动，直接参

与听课诊断、质量分析、谈话谈心、备考落实、心理健康教育、家校互动、后进生转化等工作。亲自承担一个班的思政课教学任务，精准把脉课堂；利用各种机会、仪式、典礼讲话开导，为学生上党课、团课、时事热点问题分析课、班会课——扎根一线，工作才有了源头活水。

（五）坚持实事求是，因地制宜，课程开发

围绕"学会做人、学会求知、学会办事、学会健身"的一中校训，我着力构建"四会"德育活动课程体系。课程注重设计、重视实效、内容丰富、体系完整，学生"知行合一，体验内生"，知识、能力、态度、情感、价值观和谐统一，充分发挥了活动育人的作用。

四、着眼于教育元素的跨越融合，践行"众"德育观

在德育教学实践中，我倡导"众"的行为视角。"三人成众"，跳出自己看自己，跳出狭隘做德育，往往令人豁然开朗。

（一）我所主张的德育课程，是"众生共享"的课程

我常常自省：一名称职的德育工作者，他的德育视角一定是平视的——公平、公正对待每一位学生，让德育润泽每一个学生，滋养每一个生命，温暖每一个心灵，不因成绩高下、个性的差异而不同。

（二）我所主张的德育课程，是"众力合为"的课程

德育不是独角戏，而是交响曲。成功的德育教学，是一个开放的系统，学校之外，政府、家庭、社会都不可或缺。我常常感念顺德人敦友谊、重家风、讲诚信、善教育，借助家委会、校友会、热心企业和社会团体，我们成功的德育案例不胜枚举。

（三）我所主张的德育课程，是"众长我用"的课程

"各美其美"，张扬个性，发展特色，是德育人的事业追求；"美美与共"，彼此欣赏，相互借鉴，则是德育人的思想境界。顺德一中的德育工作，取法了省内外多家名校的举措，也开诚布公地向教育同行宣传推介，和谐有序的交流促成了生机勃勃的景象。

（四）我所主张的德育课程，是"众学融合"的课程

诚如"互联·深度"的本义那样，我们坚信，各个学科、各种资源的贯通融合，加工提炼，加之因地制宜、因时制宜，恰到好处地开发运用，德育课程资源将无处不在，德育教学效果将用之弥新，德育工作创新也将永不枯竭。

五、对标更高质量的德育使命，我的思考和方向

在当前的德育实践过程中，我还有如下思考。

1. 学科教学作为学校德育主阵地，如何更好地发挥作用？

2. 信息化时代的学校德育工作如何与时俱进？

3. 落实《普通高中学校办学质量评价指南》，如何处理好"品德素养、学业水平、身心健康、学习兴趣、学业负担"等因素，建立教学质量绿色评价指标体系？

4. 基于学段贯通的教育集团，一体化德育如何有效实施？

回归如何"为学生一生发展奠基"，以更好地践行"为党育人，为国育才"的核心理念，我将着力开展以下工作。

1. 牢牢把握课堂主阵地，做到思政课的守正与创新的完美结合，"上接天气，下接地气"，保持课堂的"热度""温度"和"力度"，发挥思政课在培育时代新人中的关键作用。

2. 结合党的教育方针和新时代教育发展的新趋势，对我校"为学生一生发展奠基"的办学理念、"知行合一，体验内生"的德育理念以及"互联·深度"的教学理念进行重新审视、梳理和建构，做到与时俱进，走在教育的前沿。

3. 立足校本，守正创新，研究当前高中学生的身心发展特质，把握学生思想道德发展变化的规律，有的放矢调整、开发更有生命张力的德育课程。

4. 牢牢把握教育的政治属性、公平属性和人民属性，积极担当作为，用好顺德一中区域龙头学校地位、广东省谢大海名校长工作室平台、顺德一中教育集团合作机制以及顺德—台江教育协作机制，发挥示范、带动、引领作用，促进教育共同体的共生共长，为更多地区的学生一生发展奠基。

示范引领，论道躬行

——写在广东省谢大海名校长工作室揭牌之时

时维盛夏，盛事如约。我的省级名校长工作室在这个夏天揭牌了。其时，学校推文报道如下。

2021年8月16日下午，广东省谢大海名校长工作室揭牌仪式暨首次主题研讨会在顺德一中多功能会议室举行。

广东省谢大海名校长工作室是经广东省教育厅遴选确认的以广东省佛山市顺德区第一中学党委书记、校长谢大海命名，并由其本人担任主持人的省级名校长工作室。工作室主要成员除来自顺德一中外，还包括顺德一中教育集团核心学校相关校级领导和省内粤东、粤西、粤北地区的学校校长，聚焦集团化办学，立足顺德，辐射全省。

活动当天，广州中学校长、广州市天河区教育顾问、华南师范大学附中原校长、广东省谢大海名校长工作室顾问吴颖民，华南师范大学教师教育学部主任、广东省谢大海名校长工作室导师王红教授，华南师范大学教师教育学部副主任姚轶懿老师，佛山市教育局教育科学研究所所长舒悦博士，顺德区教育局李翠芬副局长，广东省谢大海名校长工作室主持人谢大海校长，广东省谢大海名校长工作室本地学员，顺德一中校级领导等出席会议。会议由广东省谢大海名校长工作室助理鲜瑜主任主持。

会议初始，佛山市教育局教育科学研究所所长舒悦博士首先宣读省文件《广东省教育厅关于公布新一轮（2021—2023年）中小学名教师、名校（园）长、名班主任工作室主持人名单的通知》。鲜瑜主任则简要介绍了广东省谢大海名校长工作室概况。

工作室主持人谢大海校长致辞，他首先感谢了省、市、区教育行政部门领导对教育人才建设的重视及对其本人和工作室的鼓励，也感谢了工作室全体成员的鼎力支持和积极参与。

谢校长介绍了工作室指导思想和总体目标，并提出为实现"聚焦集团化办学背景下的校长专业成长，探索小初高十二年衔接教育之路，构建高质量教育集团框架下的广东样本"这一愿景，要建设有家国情怀、有责任担当、有文化传承、有创新精神的工作室。

他相信，在三年的建设期内，在在座各位的悉心关怀、指导和大力支持下，工作室将有序高效运转，有效凝聚力量，积极开展研究，多出有益成果，为广东教育高质量发展做出应有的贡献。

作为顺德一中教育集团的核心成员单位，顺德一中、顺德一中外国语学校、顺德一中西南学校均有校级领导加入广东省谢大海名校长工作室，并成为工作室的骨干力量。在当天的活动中，工作室学员代表、顺德一中外国语学校校长曾祥明发言，他感谢广东省谢大海名校长工作室为大家共同成长搭建了平台，表示希望借助平台的示范引领作用，为学校发展、教育发展和自身发展助力。

为更好发挥广东省谢大海名校长工作室的辐射作用，省教育厅根据报名者的个人意愿和区域构成，特别在粤东（河源）、粤西（云浮）和粤北（清远）遴选了三名优秀校长为谢大海名校长工作室的学员。虽然这三名工作室学员因诸多原因未能参加当天的揭幕仪式，但都发来祝贺视频。视频中，他们心情激动，言辞恳切，表达了对工作室成立的衷心祝贺和对参与工作室活动的热切期望。

会上，工作室顾问吴颖民校长热烈祝贺广东省谢大海名校长工作室揭牌并发表讲话。吴颖民校长是广东省内久负盛名的名校长，是省名校长培训项目的资深专家，有多年担任名校校长的经历，是广东基础教育理论与实践领域的泰斗级人物。他从教育的本质和教育者的初心论述优质教育，简要回顾了他所了解的顺德教育，盛赞顺德教育优质均衡，高位发展，是广东教育界的典范。他对谢校长提出的"建设有家国情怀、有责任担当、有文化传承、有创新精神的工作室"的工作主张尤其赞赏，并就此阐发了他独到的理解。他鼓励谢大海校长携工作室同仁取得丰硕的思想成果、工作成果和研究成果。为表达对工作室揭牌的祝福，吴颖民校长还热情地向与会人员签名赠阅了他的新书《行思悟道　立己达人——我的教育人生》。

随后，工作室导师王红教授讲话。王红教授也是在广东教育界享有盛名的专家，她作为华南师范大学教师教育学部常务副部长、博士生导师，多年来活跃在教师、校长培训一线，是行业内公认的权威。她在讲话中谈道，谢大海校长具有扎实的学术修养，丰富的治校经验，过人的人格魅力，领衔成立省级名校长工作室，实至名归。她寄望广东省谢大海名校长工作室要建设成为师徒互动、相互成长的平台，成为领航校长的"黄埔军校"。

会上，佛山市教育局教育科学研究所所长舒悦博士代表佛山市省级名校长工作室的主管部门做了讲话。她首先转达了佛山市教育局胡英副局长对工作室揭牌的祝贺。她从顺德教育史研究视角审视顺德教育，指出顺德历史文脉昌盛，近年来教育发展日新月异。广东省谢大海名校长工作室的责任和使命是在新时代引领顺德一中建设百年名校，为顺德教育高质量发展铸魂。

李翠芬副局长代表区教育局和温联洲局长向谢大海校长以及工作室全体成员表示热烈祝贺。李副局长指出，谢大海校长是在顺德教育数十年发展大潮中成长起来的在省内享有盛名的资深校长，他从不足30岁开始担任顺德一中的校级领导，一直躬耕于顺德校长园地，成绩斐然，桃李芬芳。由他主持带领的省名校长工作室也是一个人才济济的团队，工作室的研究主题关切顺德教育发展大势，区教育局将对工作室给予大力支持。她相信，广东省谢大海名校长工作室的成立，将有效聚合各方力量，彰显专家引领，凸显品牌辐射，为广东省基础教育领域的高质量发展做出重要贡献。

最后，在全场的见证下，与会领导嘉宾为工作室郑重揭牌，牌匾光鲜醒目，鼓舞人心，开启了建设有家国情怀、有责任担当、有文化传承、有创新精神的名校长工作室的新篇章。

广东省谢大海名校长工作室揭牌后，将聚焦集团化办学框架下的校长专业培养和名校成长路径，有序开展相关研修活动，立足顺德，辐射全省，为区域教育高质量发展贡献顺德力量。

对我而言，今天的揭牌仪式是一声号角，鼓舞着我开启新一轮的远征。在接下来的三年里，很多工作等着我去做，如何不辱使命，又如何守正创新，这充满未知的挑战。

研究省级课题，集团再发力

——记顺德一中教育集团省专项课题开题报告会

2022年3月21日下午，顺德一中于多功能会议室举行广东省基础教育集团化办学、广东省谢大海名校长工作室专项课题《十二年一贯制教育集团优质教育资源开发与共享机制研究》开题报告会，并举行顺德一中教育集团"少年科学院""凤山书院""九章书院"各集团成员校分院的授牌仪式。

作为课题的主持人，我深知这个课题的分量。无论是对于集团化办学，还是对于工作室的建设，这个课题都是十分重要的工作抓手。基于此，我对于当天的活动给予了高度关注和支持，从当天学校的宣传报道中可见一斑。

本次开题报告会高朋满座，大咖齐聚：线上邀请华南师范大学教师教育学部常务副部长王红教授、广东省教育研究院基础教育研究室副主任黄志红博士、广东省中小学校长培训中心副主任谈心博士进行指导，广东省谢大海名校长工作室部分学员线上参会；顺德一中相关领导、老师，顺德一中教育集团成员校代表，广东省谢大海名校长工作室学员代表等出席线下会议。

会上，我做了广东省基础教育集团化办学研究专项课题《十二年一贯制教育集团优质教育资源开发与共享机制研究》开题报告，从研究背景、研究意义、国内外研究现状及文献综述、研究目标及研究内容、研究方法与研究思路、研究人员分工及子课题分解、课题研究进度安排、预期成果等方面进行汇报，聚焦集团化办学，探索优质教育资源的开发和共享机制，以促进集团及各成员校的高质量发展。

专家组针对课题进行开题论证评议。专家们一致肯定了课题的研究价值和实践意义，指出课题研究思路清晰，内容设计明确，有助于引领集团化办学深度发展。

王红教授认为本课题选题精准，适应未来教育发展趋势，富有研究价值；谈心博士充分认可顺德一中教育集团近年来对集团化办学的积极探索，认为该课题现实意义重大，着眼创新，有良好的研究前景；黄志红博士对课题的开展进行了科学论证和精辟指导，期待通过本课题形成教育集团化办学的特色路径和典型经验，在省内进行推广应用。

最后，我回应专家们的指导意见并致答谢词，表示课题组将进一步完善研究方法与研究思路，争取形成学术意义大、可操作性强、推广价值高的研究成果。

我的省级课题的成功立项和顺利开题是我校教育教研的一件大事，更是顺德一中教育集团在高质量发展道路上迈出的重要一步。在专家大咖们的专业指导下，以省级课题为引领，依托省名校长工作室的优质平台，作为省优质教育集团的顺德一中教育集团将深度共享，示范引领，实现高位发展。

当天下午，顺德一中教育集团还同步举行了"少年科学院""凤山书院""九章书院"各集团成员校分院授牌仪式。

顺德一中教育集团少年科学院院长何训强副校长、凤山书院院长张志林老师、九章书院院长张贺佳老师分别对少年科学院、凤山书院和九章书院做简要介绍。各成员校分院的成立，为集团十二年一贯制培养创新拔尖人才搭建了平台，实现竞赛资源共享和课程资源共享。未来集团将充分发挥"三院"等机构的作用，开发"研、学、赛"一体化综合课程，开展初中学生创新能力培养计划，"让优生进入赛道"，组织集团内优秀高中教师担任初中数理化竞赛课程教练，推动各成员校深入推进特色课程建设和共享。

本次授牌仪式标志着集团对优质教育资源开发与共享机制的探索迈出了新的步伐。

　　2021年，顺德一中教育集团获评省优质教育集团培养对象。借力顺德一中优质品牌，集团发展步入快车道。我认为，教育集团省级课题的开题和"三院"各成员校分院的成立，是顺德一中教育集团在高质量发展道路上迈出的重要步伐，顺德一中将进一步通过课题引领，集团共建，聚焦创新拔尖人才培养，构建县域高中的优质样板。

　　这又是一个节点，无论是对集团建设，还是工作室建设，课题研究的过程和结论都非常重要。开题已毕，且撸起袖子加油干！

深度共享　合作共进

——参加广东省名校长工作室主持人团队专项研修活动实录

2022年7月7日至8日，受广东省教育厅委托，广东省中小学校长培训中心、广东第二师范学院承办2022年广东省名校长工作室主持人团队专项研修活动。本次研修的主题为工作室课题研究形成的研究性变革成果展示交流。

在本次展示活动中，我就本人省名校长工作室专项课题《十二年一贯制教育集团优质教育资源开发与共享机制研究》的课题背景、前期研究推进和阶段性成果进行了汇报。

《十二年一贯制教育集团优质教育资源开发与共享机制研究》是顺德区第一中学参与广东省基础教育集团化办学研究的专项课题，也是广东省谢大海名校长工作室开展的研修课题。该课题以顺德一中教育集团为研究对象，聚焦十二年一贯制教育集团高质量发展，力图探求科学、有效的教育资源的开发和共享机制，实现集团办学的整体提升。

2021年，顺德一中教育集团被评为广东省优质教育集团创建对象。为更充分地发挥优质校辐射带动、示范引领作用，使各学校实现共性与个性的有机结合，实现集团内部"管理互通、课程共建、资源共享、服务共融、品牌共创"，我的省名校长工作室申报了该课题。

2022年3月，课题顺利开题，会后根据专家意见，完善了研究方案、目标体系以及具体的研究内容、课题的实施方法和途径等，并向课题组成员分配了子课题研究任务。除了进行课题组和集团校内部的学习研讨外，工作室还借助省级工作室联合研修平台，与广东省陈淑玲名校长工作室、广东省叶照伦名校长工作室开展联合研修，提升既有实践成果，为课题的深入开展做好铺垫。

在汇报中，我特别介绍了工作室确立的优质教育资源开发与共享的相关理论支点：公共产品理论、比较优势理论、价值链理论、教育公平三阶段论。

接下来，我重点展示了前期课题研究所形成的关于课程资源开发模式的主要成果：校企合作开发模式（SEC模式：School-Enterprise Cooperation）、高校指导开发模式（SUS模式：School- University- School）、师资共享开发模式（Teachers Sharing Development Model）、机构复制联动模式（ACL模式：Academy Copy & Linkage）。最后，我也坦诚地指出课题研究中存在的困难、问题和不足，提出了后期进一步开展研究的设想。

在线上线下专家点评环节，广州大学教育学院谢翌教授、《中国教育学刊》杂志社社长马宪平研究员、广东省深圳市第二实验学校崔学鸿校长，都对顺德一中教育集团专项课题《十二年一贯制教育集团优质教育资源开发与共享机制研究》给予高度评价。他们表示，教育集团化办学是国家和地方政府推动下的实现优质资源共享的重要举措，该课题选题具有重要的研究价值；充分肯定了课题研究组对问题的深度剖析，精准把脉了集团化办学优质资源共享和开发的难点和痛点；充分肯定了课题组对课题研究理论支点的确立和优质资源开发模式的初步建构等方面所进行的学理性思考；并对课题组通过行动研究探索如何在不同性质、不同类型的成员校之间实现优质课程共享、优质教师资源共享、学生成长共享充满期待。

奋进与荣光：我所见证的顺德教育这十年

我是顺德教育的一名老兵，在顺德教育战线上工作了36年。我想分享自己关于顺德教育这十年的所见、所闻、所想，希望能通过分享些许片段，从一个侧面展示顺德教育这不平凡的十年。

2022年国庆节前夕，我特意找到了学校新引进的特级教师田老师。田老师来校工作2个月了，我想着他还没有回过河北老家，如今难得放个假，他应该归心似箭，回去与亲人团聚了吧。谁知他没打算回去，而是把夫人接了过来，一起在顺德过节。我们聊了起来，田老师也敞开心扉，说了不少话。令我记忆犹新的是，田老师谈到，顺德的开放、包容，区教育局对高层次人才的重视和尊重，学校优美的校园环境、便利的工作条件与和谐的人际关系，都让他感到非常满意。"在顺德一中，我充满了工作的干劲！"田老师这样说。

的确，这些年，我们区教育局求贤若渴，拿出硬核条件，诚意满满地向全国引才。近三年来，单是我们顺德一中就引进了特级、正高级教师3人。不仅如此，我们还在新教师的招聘中，成功签约多名来自清华大学、北京大学、香港大学等名校的毕业生，学校师资建设明显提速，队伍结构不断优化。

我于1988年大学毕业后来到顺德一中工作。当时国家人才管理还处于统招统分的体制之下。顺德一中时任校长潘甲孚先生，克服重重阻力，来到江西师范大学，招录了13名优秀毕业生到顺德工作，我有幸成为其中一员。顺德教育历来能引领风气，敢于创新，由此可见一斑。

来到顺德后，我先后在区内多所学校工作、任职。2012年，我在顺德德胜学校工作。这是一所优质民办学校。得益于政策、资源、管理等多重利好，当时的德胜学校连年中考稳居区内、市内龙头位置，成为人民认可的一所名校。

与此对应的，十年前，由于种种原因，顺德公办教育进入了一个暂时性相对低迷的发展阶段。与周边地区相比，我们的公办高中在生源质量、拔尖创新人才的培养、为著名高等学府输送人才的能力等方面出现了一些差距。

顺德教育该向何处去？这是当时的顺德教育人都在思考的问题。2015年底，顺德区委、区政府启动教育综合改革。区委、区政府明确提出，要将顺德一中打造成龙头标杆学校，引领全区高中教学优质发展。2016年1月，根据组织安排，我回到顺德一中主持工作。

我还清晰地记得，当时顺德分管教育的主要领导找我谈话时的情景。我们从中午一直聊到傍晚，最终，我做了三点表态：第一，我是顺德教育人，在组织需要我的时候冲锋陷阵，责无旁贷；第二，顺德一中是百年名校，是顺德基础教育的"最高学府"，要重振雄风再创辉煌，当仁不让；第三，顺德一中有光荣的办学传统，紧紧依靠一中人努力拼搏，未来可期。

我把"打造顺德教育新标杆，再创一中新辉煌"作为办学目标，把"为学生一生发展奠基"作为办学理念，继承顺德一中百年来"崇尚一流，追求卓越"的精神，把"我在，学校更精彩"的观念注入每一位师生的灵魂：统一思想，凝聚人心，调整管理思路，确立奋斗目标，全校教职员工工作积极性得到提升。学校发展关键在教师，在队伍建设方面，我们重视加强师资培训和名师队伍建设；在课程教学方面，我们开展新一轮课堂教学改革，打造基于"互联网＋"背景的"互联·深度"的未来课堂；在学生发展方面，我们以"立德树人"为旨归，开展以"生涯探索与实践"为特色的学生成长指导课程，提供丰富的社团活动和系列化的校外综合实践活动，促进学生综合素质的提升。

顺德区委、区政府和区教育局对学校工作给予了大力支持，经过一中人的不懈努力和团结拼搏，顺德一中的管理效益很快得到显现。2016年高考，顺德一中梁颖怡同学、丰盛同学成绩名列全省前茅；5人被清华大学、北京大学录取。与此同时，顺德高中教学整体质量也在稳步攀升，顺德人民对顺德高中教育的认可度明显提升。

2018年，佛山市开始实行普通高中多样化、特色化分类创建工作。顺德一中与佛山一中、南海石门中学三所学校被批准创建佛山市"卓越高中"，区内还有三所学校以及另外十余所学校被定位为佛山市"精品高中"和"特色高中"的创建学校。经过三年的艰辛创建和不懈奋斗，顺德一中于2021年底通过了"卓越高中"的总结验收，学校办学实力再上一个台阶。

这一时期，顺德探索通过集团化办学促进教育高质量发展。顺德一中先行先试。2018年，顺德一中教育集团成立。在教育集团单一法人框架下，顺德一中、顺德一中外国语学校、顺德一中容桂实验学校以及后来的顺德一中西南学校多校齐发，资源共享，迎来了一个迅速发展的新时期。本真未来学校、京师励耘实验学校、乐从第一实验学校、翁祐实验学校等先后加盟一中教育集团。依托集团，顺德一中探索新型学校组团发展模式以及从小学到高中创新人才贯通培养模式。2021年2月，顺德区举行顺德一中教育集团化办学提升发展项目发布活动，集团建设加速。2021年底，顺德有两家教育集团获评广东省首批优质教育集团创建单位，顺德一中教育集团名列其中。

2019年2月，我被顺德区委、区政府评为"担当有为先进个人"。这是一个比较特殊的荣誉。为顺德教育担当尽责，是我们教育人的使命；这个荣誉，给予我鼓励的同时，使我更感到肩头责任的重大。

2021年以来，顺德区委、区政府大力实施"以水美城，以城聚才，以才兴城"的发展战略，并坚持教育优先发展战略，将教育作为最重要的民生工程，作为城市竞争力的核心要素，持续加大教育的投入。顺德区第十四次党代会提出的好生态、好学校、好校长、好教师"四好"工程，为顺德教育带来勃勃生机。

在这一时期，顺德迎来了学校建设的黄金时期。一批优质高中扩容提质，一大批优质中小学校破土动工。我本人参与了顺德一中西南学校、乐从第一实验学校等多所学校的建设工作。近年来，区委、区政府在学校建设上坚持高起点、高标准，甚至引入全球竞赛机制，一大批现代、美丽、大气的中小学校园拔地而起，成为一道亮丽的城市风景。与此同时，顺德大力增强引才力度，一大批年富力强、成果丰硕的正高级、特级名师和名校长以及国内名校、世界名校生加盟顺德。2022年，顺德中考、高考获得大丰收，交出了一份沉甸甸的答卷。顺德教育进入了一个枝繁叶茂、繁花似锦的新时期。

就我所在的顺德一中来说，最近八年来，我们取得了一些成绩，培养出了数十名清华大学、北京大学学生，数千名"985""211""双一流"的名校生，以及几乎100%的本科生。同时，我们闯出了一条"互联·深度"教改之路，国家级媒体《人民教育》《中国教育报》和央广网、环球网等均对顺德一中进行专题报道，顺德一中的美誉度大幅提升。顺德一中的发展，从一个侧面印证了顺德教育从均衡走向优质的发展过程。

现在回头看我们十年走过的路，首先是一条方向正确、前途光明的正路，我们一步一个脚印，正朝着高质量发展的方向不断迈进；其次也是一条充满艰辛、布满荆棘的爬坡路，我们克服困难，战胜挑战，还在向上攀登的征途中。当然，这更是一条提质加速、创新致远的快速路，我们有了过去十年的积累磨砺，下一个十年，我们将更有底气和力量，在"为党育人，为国育才"的伟大事业中，再创顺德一中的新辉煌！

我以初心向师道

——申报高中德育正高级教师职称述职报告

我于1999年11月被评为中学政治高级教师，现为顺德区第一中学党委书记、校长。对照相关条件，我申报2022年度高中德育正高级教师职称。现将我任现职以来的主要情况述职如下。

一、思想政治：坚守初心，坚持为党育人

我拥护党的领导，坚决贯彻党的教育方针，遵守宪法和法律，在师德师风方面做出表率，坚持"为党育人，为国育才"，把"做学生为学、为事、为人的大先生"作为自己的行为标杆。

二、育人情况：扎根实践，潜心立德树人

参加工作以来，我历任团委副书记、团委书记、政教处主任兼团委书记、副校长、校长等职务，在德育岗位上工作了34年（仅任现职以来，也有23年），我的工作履历一直与德育工作密不可分。

（一）尊重学生主体地位，构建鲜明的德育理念

2001年9月，我提出了顺德一中的办学理念："为学生一生发展奠基"，接着又提出了"知行合一，体验内生"的德育理念。我们强调学生积极参与体验，在体验中认识世界并形成良好的行为习惯，不断进行情感和道德的自我完善与解放，从而实现学生的自主性精神生长，满足学生追求美好的内在需要。

（二）尊重教育本质规律，实施精细的德育管理

一是组织管理。在常规配备学校、年级、班级德育管理架构的基础上，成立学生成长指导中心、学生社团指导中心和家庭教育指导中心，优化学校团委学生会职能，成立学生领袖联合会，强化德育工作专业统筹。

二是队伍建设。成立年级领导小组，将党支部建在年级，发挥党员教师教书育人的模范带头作用。课程化开展班主任培训工作，举行新入职教师宣誓仪式，实施全员"导师制"，深入开展家访活动，等等。

三是行动落实。每学年科学规划德育课程和德育活动，确保实施。

四是教研支持。成立名班主任工作室，坚持校本问题导向，将典型德育议题分别申报了与课程相关的省、市、区课题，以课题研究为抓手推动德育实施。

五是科学评价。建立"最美一中人""优秀班主任""星级班主任"等班主任荣誉评价体系，建立"德育之星"系列评选制度和学生成长积分管理制度。

（三）尊重学生个体差异，创新丰富的德育形式

基于不同学校、不同学生的具体实际，我创造性地设计开展了诸多育人新形式：1989年在顺德一中推动创办了佛山市首家青年团校，延续至今，得到团省委表彰和推广，2021年被评为省首批示范团校；1993年在全市首次组织举办学生军事夏令营，继而开启了暑期学生德育课程的序列活动；1994年在全校学生中设立时政学习课，将每周一早读固定为时政学习课，沿用至今；2002年，为培养女生自尊、自爱、自强的精神，将每年的妇女节设立为学校"女儿节"，为女生开展丰富的主题活动，如环湖健步行、礼仪培训、青春期健康讲座、涉女生法治讲座和安全防护培训等，帮助女生健康成长；2006年至2008年，为培养学生的理想信念，成立"青年党校"，亲自为学生上党章学习辅导课；2002年开始，主持开展学生国内外研学课程，纳入学校日常教学课程；2018年开始，鼓励学生"自主自为"，指导学生全程自主筹办学校的体育艺术节等大型活动；2021年，时值中国共产党成立100周年之际，推动创办了学生骨干党史学习教育研修班，并以学校党委书记和校长的

身份，为青年学生上党史学习教育课；2022年建团100周年之际，指导学校团委开展"十大行动计划"，致敬团的百年征程。

（四）给予学生关心关爱，点亮生命奋进的灯塔

我确信"每一个孩子都重要""每一个生命都发光"，在工作中给予学生关心关爱，尤其重视"问题生""后进生""潜力生"的教育。1999届学生沈同学，品学兼优但家庭非常贫困，我对他实施家访，详细了解他的家庭情况，援引自强案例鼓励他战胜困难、轻装上阵、立志成才。经过三年的培养帮助，我介绍他加入了中国共产党，之后，他获评顺德"十大杰出青年"，并考上了清华大学；2020届学生蒋同学，过度热衷播音主持和各种活动，学习精力难以集中导致学科成绩严重下滑，我与他多次长谈，肯定他的志向，引导他处理好学习和兴趣的关系，并且"约法三章"，最终，该生以优异的成绩考取了中国传媒大学播音主持专业，实现了青春梦想；2022届苏同学，父子关系紧张，矛盾激烈，以致他和同学相处困难，几近崩溃，甚至有轻生的想法，我通过家访，从苏爸爸的心结进行突破，以共情心、同理心予以引导，反复数次，最终使苏爸爸思想转化，父子关系好转，苏同学重回快乐少年。在我的德育实践中，类似案例还有很多，我的体会是德育工作者的大爱比智慧更重要，认知比方法更重要。

（五）引导学生多元化成才，营造绿色的德育生态

多年来，我亲自指导、培养的学生中很多人成为青年榜样和行业翘楚。如助人模范——1994届学生会主席欧阳庆球，公益先锋——1994届学生会体育部部长苏耀江，献血楷模——2000届罗松辉，冬奥志愿者——2019届欧阳子慧和2019届侯朗彦等，他们都是一定区域内享有盛誉的道德楷模；为加强国防教育，我亲自与南部战区招飞中心联系，邀请负责同志到学校宣讲，鼓励优秀学子踊跃报名"招飞"，立志"保卫祖国的蓝天"，近年来，已有3名学生成功实现"蓝天梦"；担任高三领导组组长，每年我都针对部分"学困生""临界生"进行个性化辅导，与学生谈心，对学生家访，走进他们的内心，鼓舞他们燃起学习的火炬，近80%的"学困生""临界生"成功考入理想的大学。

经过有序、有效的德育实践，经我培养指导的学生，理想信念更加坚定，成长内驱力得到激发，学习品质得到提升，行为习惯得到培养，学校教育成绩和社会声誉高位运行，一大批优秀学子成长为社会栋梁，考入清华大学、北京大学等国内顶尖高校的学生屡见不鲜。德育与教学相得益彰，德育为先的实践发挥了实实在在的效益。

三、课程教学：跨越融合，落实五育并举

（一）立意核心素养，上好思政课程

我认为，课堂是教育的主阵地，思政课是立德树人的主战场。1988年至2001年，我一直担任高中思想政治学科的教学工作，曾经任教十届高三毕业班，高考成绩名列佛山地区前茅。在教学上，我的具体举措如下。

一是尊重以生为本，重视因材施教。每届毕业班中，我均开设培尖辅差小组，针对学生个体差异悉心辅导，提高其学习能力。1994届、1995届和1996届高考班的政治高考平均分居佛山市第一名，1998届何敏华、郭淑梅同学在高考中分别夺取了佛山地区的文史类和外语类状元。

二是理论联系实际，彰显育人功能。教学中，我注意结合社会实际，提高学生运用知识能力，经常把学生带出"小课堂"，走进"大社会"，使其广泛接触和了解现实中的社会，学以致用；我坚持在备课中设立"德育目标"一栏，坚持课前五分钟的时事教学，深入挖掘教材中德育的内涵，注重知识、能力、价值观的统一，发挥思政课的育人功能。

三是以科研促教改，彰显示范引领。我注意学习本学科的教研信息，吸收有益的教改经验，进行教改实验；所带的十届高三毕业班教学成绩突出，实实在在地成为学校的"把关教师"；担任市政治中心教研组成员，多次在全县、全市政治课教研会上介绍经验；1999年，经过层层选拔，参加了广东省中学思想政治优质课评比，获二等奖。

多年来，我作为所在单位主要负责人，一直兼任毕业班领导小组负责人，主持毕业班教学方案的制定和实施，直接参与毕业班一线教育教学，参加学科备课组教研活动，直接参与听课诊断、质量分析、谈话谈心、备考落

实、学生家访、心理健康教育、担任两名至三名后进生转化导师等工作，深有工作心得。

近年来，作为学校党委书记、校长，我认真履行岗位职责，每学期为学生上好"开学第一课"，利用国旗下讲话、学生大会、仪式典礼等时机开展德育教育，每周为学生骨干上党课，直接到班为高三学生上班会课，也兼任非毕业班思政课学科常规教学工作。每上一课，均精心备课，力求实效。

（二）实施渗透融合，开发德育课程

德育课程不是孤立的，德育课程体系必须渗透融合在各科教学和活动中，必须有机统一于学校与家庭、社会有序开放的体系中。近年来，围绕"学会做人、学会求知、学会办事、学会健身"的一中校训，我和同事着力构建"四会"德育活动课程体系。

一是基于"学会做人"的德育课程。我认为，"学会做人"具有教育的终极意义，它是教育根本任务的直接体现，是为党育人、为国育才的题中应有之义。相关课程有党史学习教育课程、研学课程、社会实践课程、时政学习课程、"一中故事"教育课程、"真人图书馆"贤达互动课程等。

二是基于"学会求知"的德育课程。我理解的"学会求知"，着眼于"为什么求知"——探讨学生学习的深层动力乃至动力原点；"如何求知"——学校教育既要"授人以鱼"，也要"授人以渔"，强调终身学习；"求知何用"——鼓励学生立志成才，报效祖国，知识贡献人类。所设课程包括"三院"（少年科学院、凤山书院、九章书院）学术研修课程、"四项关键能力"（阅读、书写、运算、表达）强基课程、"五个一百"（一百场科技报告会、一百场人文报告会、一百场读书报告会、一百场电影欣赏报告会、一百场达人报告会）素质拓展课程、"行思致知"研学游学课程、"书香致远"三年经典阅读课程和"人文一中"校园体艺、科创、语言等文化节日课程等。

三是基于"学会办事"的德育课程。我认为，高中教育要指导学生做好从学校到社会的各种衔接和过渡的准备；同时通过学生自主自为的体验实践，内生出学生优秀的工作、创业能力。相关课程有"自助式办节"能力提升课程、自主筹划"回访家乡·回访母校·回访校友"访学励志课程、劳动教育课程、"一中达人"榜样学习课程等。

四是基于"学会健身"的德育课程。我认为健康的体魄是精彩和幸福人生最重要的基础，是对家庭、社会、国家尽责的体现；体育精神所赋予的坚强意志、顽强斗志、健康心理、终身锻炼等是极为重要的精神品质。相关德育课程有"筑梦一中"女排训练课程、"三年一千里，一起向未来"长跑健身课程和"律动一中"棒垒球、街舞等普及运动项目课程等。

通过"四会"课程的实施，学生的思想道德品质和综合素养得到显著提升，促进了学校的办学水平的连年提升，我校多年连续荣获区办学绩效评估第一名，各大高校对我校输出的生源整体素质高度评价。近年来，我校成为佛山市三所"卓越高中"之一，在省内享有广泛的影响力。

四、德育科研：引领探究，学习永不止步

任现职以来，我主持、参与区级以上课题12项，教研科研工作荣获区级以上奖励20余项；目前在研的省级以上课题尚有4个。"十一五"国家级课题"班主任专业化与现代班集体建设研究"子课题《绿色班集体建设》获全国教育科研成果一等奖，研究成果《实践家校互动新模式，构建和谐教育生态》获全国一等奖，教研成果《"互联·深度"教学改革的研究与实践》获省教育教学成果二等奖等。

我的教育论文《联动：我的学校管理哲学》发表于核心期刊《人民教育》，德育论文《"四会"校训的文化传承与德育创新》发表于《中国德育》，另有多篇论文发表于《广东教育》等刊物上。以第一作者身份编撰教育专著三本，以第二作者身份参与编撰教育专著一本；主编出版了一本校本课程学习资料《与法同行》，目前在途出版的教育专著尚有两本。

我积极参加继续教育学习，每年学时达到相关要求。

五、示范引领：共享互鉴，团队协同提升

我积极承担公开课和讲座任务。2021年6月，在省厅组织的"全省学校思政课建设暨党史进校园视频推进会"上，我作为唯一的中小学代表作交流发言；2020年11月，在粤港澳大湾区中小学校长论坛上，我应邀做了主题讲座；2020年3月，我作为全区中学校长代表，向全区数十万名中学生直播"开学第一课"；2021年8月以来，依托广东省谢大海名校长工作室，我面向全省的教育同行举办了14场教育专题讲座（其中，2022年11月在广东省名校长工作室主持人团队专项研修暨"教育数字化转型背景下学校实践创新"主题论坛上作主题演讲，2023年3月在"破局·创变"——全国高中高质量发展校长百人峰会暨广东省校长培训中心专题研修活动中做主题演讲）。

任现职以来，我先后被评为顺德区和佛山市两级优秀教师、优秀教育工作者和优秀德育工作者，以及广东省优秀德育导师、南粤教坛新秀、南粤优秀教育工作者等。2018年至今，我先后被评为顺德区名校长及名校长工作室首席主持人、佛山市名校长、广东省名校长工作室主持人。

我承担了若干社会兼职工作：顺德区第十七届人民代表大会常务委员会委员、全国中小学校本课程与教材研究中心特聘专家、广东省督学、广东省本科高校"新师范"建设指导委员会委员、广东省高考研究会思想政治高考研究分会常务副会长、广东省乡村优秀教师跟岗学习培训项目培养对象指导老师，任北京师范大学、华南师范大学、佛山科学技术学院等多所高校的兼职硕士生和本科生导师。

我在民办学校顺德一中初中部（后更名为广东顺德德胜学校）从筹建开始工作长达9年，具有薄弱学校工作经历；在对口帮扶工作中，我十分重视对帮扶学校的德育工作，2016年以来，带领顺德区第一中学、顺德第一中学教育集团先后对口帮扶新疆伽师、西藏林芝、贵州黔东南、广西河池、四川凉山、江西赣州以及广东的云浮、茂名、清远、河源、潮州等地学校；2017年至2021年，我作为顺德一中教育集团发展委员会主任，指导集团成员校容桂实验学校全面管理，短短四年时间，使该校由薄弱学校提升为品牌学校。

近年来，我先后指导黄光毅、吴浪思、彭千、郑月君、王瑶等老师在思政学科教学或班主任专业发展中取得优异成绩，培养了曾祥明、张辉煌、赖光明、何训强、廖伟梁、吴近昕等一大批青年干部走上学校领导岗位或成长为单位德育骨干。在指导对象中，姚芳、黄光毅老师成长为广东省名班主任工作室主持人，吴浪思、彭千老师分别获得省、市级班主任比赛高端奖项，郑月君、王瑶老师分别获评省思政优质课一等奖和二等奖。在我的带动和指导下，我校一大批优秀青年班主任和德育骨干正在迅速成长，形成科学合理的德育梯队。贵州省台江县民族中学、顺德华侨中学、顺德德胜学校、顺德一中外国语学校、顺德一中西南学校、顺德本真未来学校、顺德伦教翁祐中学等校都在不同程度上吸收、借鉴我校德育经验，工作成效显著。

六、工作成效：众行则远，共创高质优绩

任现职以来，我在学校德育建设上取得一定成绩。在顺德一中初中部和区华侨中学任职期间，落实德育基础，深挖德育特色，实施德育课程，两校校风、学风、社会声誉引领同侪；2016年1月以来，我主持顺德一中的全面工作，厚人文，强引领，重实践，重体验，学校德育工作成绩突出，获评全国国防教育特色学校、全国中小学心理健康教育先进集体、广东省校本研修示范校、广东省德育示范学校、广东省生涯教育示范基地；学校团校被评为广东省示范团校，腾龙文学社等社团被评为广东省优秀学生社团。

步入新的发展征程，我与全体师生拟定了"立标省内，领跑湾区的高品质岭南名校"的五年发展目标。学校发展，德育先行；百年大计，根在育人。我们将同舟共济，勠力同心，以"为学生一生发展奠基"的初心，成就无愧时代、不负人民的高质量教育。

矢志耕耘，道阻且长

—— 我的两年（2021—2023年）工作回眸和反思

2021年8月，我被任命为顺德区第一中学新一届党委书记、校长，负责学校全面工作，至2023年8月，已历时两年有余。在顺德区教育局党组的坚强领导下，我带领班子成员及全体教工认真贯彻落实顺德区教育局党组的各项决策部署，强化理论学习，主动担当作为，找准发展定位，拓宽思路视野，奋力推动我校各项工作取得较好成效。

两年多来，我重点在以下八个方面开展工作。

1. 坚守初心担使命。我坚持带头积极学习宣传贯彻党的二十大精神，深入学习党史，增强"四个意识"、坚定"四个自信"、做到"两个维护"，严格落实市"五好"教育新形态和区委、区政府"四好"工程相关教育部署，严格落实岗位职责和党风廉政建设责任制。积极推进落实党组织领导的校长负责制相关工作，常态化召开党委会议、校长办公会、班子民主生活会，严格落实"第一议题"，抓好意识形态工作，坚持严格执行"三重一大"议事决策制度，持续开展师德师风教育整治活动，全校教职工爱岗敬业，形成优良的团队氛围。自觉开展批评和自我批评，主动深刻剖析自身问题，加强党内政治生活的原则性、严肃性。

2. 秉公持正带队伍。我推动制定《顺德一中绩效工资（增量）分配方案》《顺德区第一中学五年发展规划（2021—2026）》《佛山市顺德区第一中学议事工作指引》《佛山市顺德区第一中学"红橙黄牌"预警监督管理办法》等规章，以进一步提升工作的规范性和严肃性；进一步健全"三重一大"议事决策制度，确保决策科学、规范、有效。两年来，经党委讨论决策的"三重一大"事项共78次。按照"一级一案"的管理思路推进年级管理，鼓励各年级自主创新，各年级呈现出生机勃勃、活泼有序的工作风貌；组织开展第二届卓越教师、领军教师、教坛新秀的评选和恒常性的"最美一中人"评选，弘扬了正气，树立了榜样。我积极落实党组织领导下的校长负责制，落实党管教育的责任，积极推进中层轮岗工作，优化行政队伍建设。注重党支部组织建设，充分发挥其战斗堡垒作用；创建党员先锋岗，带领支部党员扎实开展"我为群众办实事"实践活动。两年来，成功引进2名博士研究生，6名清华大学、北京大学毕业生，1名数学金牌教练，并计划引进一批高层次人才，学校师资不断增强。

3. 稳扎稳打谋质量。我力推深化"互联·深度"教学改革，着眼于教学质量的提高，做出"教学效益月""教学质量月""行政听课诊断"等工作部署，强力督导教学效益提升；建设少年科学院、凤山书院、九章书院，以校内"书院"拓展教学功能；持续建设"阅读、书写、运算、表达"四大关键能力建设；积极探索设立"港澳台生课程班"，开辟学生多元成才通道；深化与华东师范大学、华南理工大学等名校合作，组织数学、物理、生物、化学、信息等学科竞赛，"将学科纳入赛道"。2022年高考，顺德一中取得优异成绩，在特控率、高分层、特优生、传媒生、单科成绩等各项指标上表现亮眼，为顺德教育高质量发展做出了应有的贡献。2023年高考，我校高优率创下历史新高，多项数据彰显强劲的教育提升力，增值评价数据位列佛山市所有高中的第2名。学校成功申报市"双高行动计划"，成为全市三所高水平数理类普通高中之一。两年来，五大学科的奥赛培训逐渐形成体系，竞赛成绩不断提升。

4. 守正创新育新人。我深入践行"知行合一，体验内生"的德育工作路径。成立学生成长指导中心、学生社团指导中心和家庭教育指导中心，强化德育工作专业统筹；发挥党员教师教书育人的模范带头作用，课程化开展班主任培训工作，举行新入职教师宣誓仪式，构建"班级生命共同体"建设体系，实施全员"导师制"，两年来坚持深入开展家访活动；全年分期、分季开展德育课程，实施"五个一百""四会"德育课程，形成了科学有序的德育运作体系和醇厚优良的德育传统。我坚持每个学期为学生上好"开学第一课"，为学生骨干上党课，为三个年级的"尖刀班""卓越班"上班会课。我主导积极构建校园安全网络，举办安全教育周系列活动，引导一中学子形成"大安全观"。以"三年千里"环校跑等工作为抓手，开展丰富多彩、扎实有效的学校体育活动，师生体质明显改善。2023年，我校女子排球队获得了广东省中学生排球赛的第11个冠军。

5. 立足校本培名师。我推动学校全面实施"名师工程""青蓝工程"，促进教师专业发展，一批名师脱颖而出。推荐35名优秀教师担任高校硕士生、本科生导师，目前我校拥有在职正高级教师7人，特级教师2人，位居全市第一。学校名师工作室集群中共有省级工作室4个、市级工作室5个、区级工作室6个、校级工作室9个，共计24个工作室。利用省名校长工作平台和"相约星期三"学术论坛等工作机制，与四川、贵州、广东、新疆、广西等省、自治区50多所高中建立起帮扶研修机制。两年来，超过10名青年教师参加青年教师教学能力竞赛获得市一等奖。

6. 示范引领求共进。从2021年8月起，我校根据上级党委、政府决策安排，与贵州省黔东南州台江县民族中学建立结对帮扶机制。仅2021学年，我校就安排首批教师100余人赴台江县民族中学交流支教，接待台江教育系统以及台江县民族中学4个批次的同行来我校跟岗、学习交流等。2021年8月，以我本人名字命名的省级名校长工作室成立，吸纳了粤东、粤西、粤北等地的校长成为工作室学员，并先后设立西藏工作站和广西工作站，广泛开展跨区域教育合作、帮扶活动。此外，我校还派出教师赴新疆伽师支教，赴区内容山中学、顺德一中西南学校、伦教翁祐中学、罗定邦中学等学校支教。这些工作对边疆地区、民族地区、经济欠发达地区以及区内兄弟学校提供了实实在在的帮扶和指导，发挥了顺德一中的示范、引领、辐射作用，担当了社会责任。两年来，我还主导举办了建校110周年庆典、全国校长峰会、教育教学开放日、全市普通高中高考复盘总结会、全市师德报告会等活动，获得广泛的社会赞誉。

7. 着眼发展强保障。两年来，我多方融合资源，加速学校升级提质建设，实现了校友楼、生态园等场室、场所的修葺翻新，1.8公里环校绿道建设和学校周边环境整治，篮球场、拔萃体育公园等设施顺利完工，新建教学楼"东泰楼"正式开工，体育馆、艺术楼升级改造提上日程。学生宿舍安装了隐形防盗网，安装了热水喷淋系统，解决了多年来学生期待解决的热点问题。与相关部门保持密切沟通，学校修缮工作有序开展，确保了建筑安全，保障了教育教学秩序。食堂自营工作正顺利有序推进，为全校师生提供更优的生活保障。

8. 同气连枝建集团。两年来，我担任顺德一中教育集团发展委员会主任，指导集团建设。2021年9月，顺德伦教翁祐中学加入集团，集团成员数扩大到7所学校；2021年12月，集团成功完成申报"省优质教育集团"的答辩工作，并顺利被评为"广东省优质教育集团"；集团开展省级专项课题《十二年一贯制教育集团优质教育资源开发与共享机制研究》研究，开展集团成员校少年科学院、凤山书院、九章书院联动工作机制；教育集团赴西藏林芝、广西河池、广东茂名等地进行交流研修。顺德一中教育集团深入开展轮值制、导师制、学长制、短期课程等工作机制，促进学段贯通培养，与名师名校长工作室、校本研修示范校等工作多向联动，与高明一中教育集团缔结结对共建关系。2023年中考和高考，集团成员校独领风骚，成绩优异，彰显了集团办学的勃勃生机。

两年来，我参加区教育局年度考核，结果均为"优秀"，荣获区"2022年度特殊贡献校长"等荣誉称号，被聘为华南师范大学校外硕士生导师，2023年继续被遴选为新一轮（2024—2026年）省名校长工作室主持人等。

回顾两年来的工作，虽然取得了一些成绩，但对照上级要求和岗位定位，自己还存在一些不足，如在吸引高端优质生源和尖子生培养方面力度不够，教师队伍建设和工作创新还存在不足，等等。

放眼未来，我将从以下三方面着重改进提升。

1. 持续聚焦拔尖创新人才的培养。在党的教育方针指引下，结合校情，担当使命，通过贯通培养、初高中衔接等形式集中突破尖优生培养瓶颈，回应社会关切，擦亮一中品牌。

2. 推进名师工程建设和人才培养。人才是学校发展的第一资源。我将通过自主培养和对外引进相结合的形式，造就一批有理想、想干事、能成事的一中名师，促进学校教师梯队迭代升级。

3. 积极开辟学生的多元化升学通道。办好港澳台生班，提升体艺特长生和传媒生培养能力，巩固空军招飞成果，有序推进竞赛课程，着重做好强基计划培训，形成百花齐放的多元化升学格局。

无畏征途　星光满天

——顺德区谢大海名校长工作室期满考核汇报

我的区名校长工作室于2020年7月成立。由于基本同一时间跨度，我同时担任省、市、区三级名校长工作室的主持人，为了整合资源，高效运作，我们将本人的三个工作室一体规划、一体运作，使用相同的办公场室和配套资源及服务，共享主要的研修成果。

就区名校长工作室而言，我主要的工作在于以下四个方面。

1. 工作室的基本情况。这是工作室的具体架构及人员分工。刘丽华校长任项目主持人，分担了不少统筹的工作；工作室的成员、学员来自区内不同学校，涵盖小、初、高三个学段；成员、学员还涵盖了公办、民办两种不同属性的学校；张辉煌校长荣调三水后，工作室的人事版图也随之扩大到区外。

2. 工作室预设目标达成情况。总体来说，工作室运作三年，成员、学员基本实现了"三提升"。

（1）教育理论素养的提升。通过研读教育教学专著、专题学习探究、理论研讨、专家指导等形式，各成员、学员提升了教育理论素养，涌现了一批有价值的理论成果。

（2）教育管理素养的提升。通过"学校管理沙龙""学校特色文化展示""学员校互访调研""名校考察"等活动，提高了成员、学员的管理水平，推动了一批名校和名校长的形成。

（3）教育科研素养的提升。通过搭建工作室研修平台，结合省校本研修示范校平台和省优质教育集团平台，组织成员、学员开展课题研究，鼓励科研创新和成果转化，有效提升了其教科研意识与能力。

3. 工作室活动开展情况。三年来，我们主要做了以下工作。

（1）制定分享了"一规划"。通过引导成员自主学习、集体研修、案例分享等，帮助成员明确所在学校的办学理念、方向；制定了学员个人成长三年规划。

（2）确立研讨了"一课题"。结合顺德一中教育集团的实际情况，开展了《十二年一贯制教育集团优质教育资源开发与共享机制研究》的课题研究。

（3）进行了两个月"一交流"。工作室成员基本实现了每两个月集中交流读书心得、案例分析、课题研究，诊断案例，研修案例。

（4）实现了一学期"一小结"。工作室每学期的集体研修活动，都进行了过程性资料的收集整理，成员还撰写了活动感受、反思。

（5）做到了一学期"一简报"。工作室每学期的分散、集体研修活动，都编辑成了相关简报，并以推文形式在工作室公众号进行了推送。

（6）组织了一学期"一观摩"。一学期至少一次省内外名校参观交流学习。通过借鉴他校先进管理经验，成员在学习中反思、升华。

此外，工作室还围绕主旨研究课题，举行了三次专题研究，以校长论坛、校长沙龙等多种形式，激活思维，交流思想，不少展示活动还面向全市甚至全省进行。

4. 工作室的建设成果。

（1）通过协办、参与省、市活动，创建工作站，联合研修以及下校诊断等方式，有效提升了工作室的影响力。

2022年9月，我们参加了佛山市教育局赴云浮市开展的教育交流活动并进行了主题分享。2023年3月，我们协办了全国高中高质量发展校长百人峰会。2022年6月和2023年5月，我带领工作室团队，在西藏（林芝）广东实验中学和广西罗城仫佬族自治县高级中学分别建立了我工作室的跨省工作站。

先后四次与肇庆陈淑玲、东莞叶照伦名校长工作室开展联合研修活动，分享教学、德育和教研等方面的经验。先后赴河源市东源县及云浮市新兴县的省级工作室成员校调研诊断。

　　工作室成员不同程度得到提升，实现了个人的成长：项目主持人刘丽华荣升区属普通高中校长，其曾经负责管理的顺德一中西南学校高起点、厚基础，一举获得人民认可，其当前管理的勒流中学特色显著、发展势头迅猛；学员曾祥明担任顺德龙头初中的校长，该校办学质量一年一个台阶，在特色发展、尖优生培养、学段贯通教学等方面卓有建树；学员张辉煌荣升三水中学校长，三水中学的办学成绩在他的精细管理下更上一层楼；学员白建元被提拔为区内名校顺峰中学校长，该校凭借卓越的尖优生培养能力、整体办学实力和优良的校风学风赢得了人民口碑，白校长本人也成长为佛山市基础教育名教师工作室主持人；学员陈水绎被评为顺德区优秀教育工作者，转任伦教街道翁祐实验学校副校长，该校2023年中考取得辉煌成绩；学员晏裕红受聘为本真未来学校校长，她和学员宋敏（副校长）所在的本真未来学校，延续了蓬勃的发展态势，是人民热捧的优质民办小学。此外，学员欧阳平凡、黄维海等，个人专业素养和所在学校也均有显著进步，在此不一一赘述。

　　（2）通过课题研究，实现了一系列物化成果。聚焦"互联·深度"教学改革，形成了《"互联·深度"教学改革的研究与实践》这一成果，被广东省教育厅评为广东省教育教学成果二等奖；省级课题《十二年一贯制教育集团优质教育资源开发与共享机制研究》将于明年3月结题；我本人也在《人民教育》《中国教育报》《教育学文摘》《中小学德育》《中国德育》《广东教育》等报刊发表文章多篇，出版《知行合一　体验内生》和《正声远畅》两本专著；另有两本专著即将出版。工作室成员、学员也多有著述和成果，在此不一一罗列。

　　（3）通过集体研讨、总体提升，取得了一批具有时代价值的办学经验成果，发挥了辐射作用。这些成果主要包括综述学校管理思想的《道因时立，术唯人和——顺德一中的学校管理理念与实践》，介绍学校教研体系的《同心同频同台，共修共进共享》，探讨学校文化建设的《为学生一生发展奠基——顺德一中的学校文化底色》，针对学校德育体系和德育课程建设的

《知行合一，体验内生——顺德一中"四会"德育活动课程体系的构建与实施》，以新时代教学改革为主题的《"互联"赋能　"深度"提质——基于"互联网＋"未来课堂的顺德范式》，以及以集团化办学为主线的《贯通与共享——顺德第一中学集团化办学的实践与思考》，等等。

　　我们深知，局限于纷繁复杂的各种事务性工作，也局限于本人的水平，我们的工作还存在很多遗憾和不足。虽然工作室的建设周期已经圆满结束，本工作室也被考核为优秀，但作为立足顺德的一个教育者研修平台，我们依然继续发挥工作室本身和各主持人、成员、学员的研究、实践、引领作用，继续为顺德教育高质量发展做出积极的、应有的贡献！

道法自然　守正图新

——我的三年（2021—2023年）省名校长工作室主持人心路历程

2021年至2023年，我有幸承担了省名校长工作室主持人的工作任务。这也是我担任的第一轮省名校长工作室主持人这一角色。

三年来，本工作室在导师王红教授、吴颖民校长、省中小学校长培训中心龚孝华教授、谈心博士等的热情指导下，矢志为党育人、为国育才，以"集团化办学框架下的学校发展和校长专业发展"为主要研究方向，遵循"道法自然以守正，径随时代以图新"的工作理念，致力于培养"有坚定信仰、有家国情怀、有责任担当、有文化传承、有创新精神"的优秀学员和未来校长。

在学校治理实践中，我坚守"为学生一生发展奠基"的办学理念，打造了顺德一中的办学特色：一是粤韵浓郁、文脉传承的岭南水乡文化特色，二是学段贯通、效益共享的集团办学特色，三是"自主自为、体验内生"的实践育人特色，四是"互联·深度"、优质高效的智慧课堂特色，五是"三院"并立、课程丰富的书香校园特色。

致力于拔尖创新人才培养，我们成立了少年科学院、凤山书院、九章书院，开展"阅读、书写、运算、表达"四大基本能力课程；开展"一百场科技报告会、一百场人文报告会、一百场读书报告会，一百场达人报告会，一百场电影欣赏报告会"学生素养课程。2023年，顺德一中高考特控率达96%以上，在佛山市教育局组织的全市近60所普通高中参与的增值评价中，位列第二名。

　　三年来，我们开展了联合研修、跟岗实践、交流研讨、课题研究、下沉诊断、支教送教、网络研修、资源共享、案例剖析、设立省外工作站等多种工作形式。

　　作为工作主要抓手，我工作室与肇庆中学的陈淑玲、东莞石龙中学的叶照伦等省名校长工作室开展联合研修达5次，就学校管理、教学范式、德育特色、学校文化、集团建设、校本研修、教师发展等议题进行专题研讨，取得丰硕成果，部分成果已经转化为教育专著出版发行。

　　三年来，我工作室多名学员均有建树。曾祥明成长为区龙头初中校长，刘志华所在学校办学质量大踏步前进，陆晓芸走上县级教育行政部门领导岗位，袁永恩获得三所高校硕士生导师资格，傅斌成长为青年校长翘楚，闫建涛获得众多省级以上大奖。

　　三年来，工作室面向全国或省外开展经验分享13次，面向全省开展的办学经验分享18次，建立省外工作站2个，有效指导了粤东、粤西、粤北地区及贵州、新疆、四川、广西等教育欠发达地区的薄弱学校50余所。本人获市级以上教学成果奖3次，主持市级以上科研项目5项，在省级以上刊物发表论文5篇，参编、主编、编撰学术专著5部。

　　当然，点滴成绩，微不足道；见贤思齐，永无穷期。接下来，我们将继续弘扬教育家精神，立志培育新时代的"大先生"，为教育强国建设贡献心力、添砖加瓦。

附　录

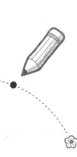

做"为学生一生发展奠基"的坚守者和践行者

——顺德区2023年"年度校长"推荐报告

谢大海校长是顺德教育界的一名老兵。从1988年入职顺德一中算起，他已经在顺德教育园地躬耕了35年，他以一名"在场者"的身份，见证了顺德教育近数十年的发展；从2016年开始主持顺德一中的工作算起，他以"主导者"的身份，推动了顺德一中近8年的蜕变。

8年来，谢大海校长把"打造顺德教育新标杆，再创一中新辉煌"作为办学目标，把"为学生一生发展奠基"作为办学理念。在队伍建设方面，他着力改善师资结构和水平，加强名师建设和师资培训；在课程教学和学科建设方面，开展新一轮课堂教学改革，打造基于"互联网＋"背景的"互联·深度"未来课堂；在学生发展方面，以"立德树人"为旨归，开展以"生涯探索与实践"为特色的学生成长指导课程，提供丰富的社团活动和系列化的校外综合实践活动，促进学生综合素质的提升。

与此同时，谢大海校长积极改善学校办学条件。成立了顺德一中校友会，创建顺德一中教育发展基金；2017年起，推进智慧校园、生态校园、美丽校园等工程建设，风雨连廊、图书馆、环校跑道、后山公园、校友楼、篮球公园等教育教学设施焕然一新。新教学楼"东泰楼"已于近期开工建设，新体艺楼也开工在即。

谢大海校长认为，课程是学校办学的核心。基于"为学生一生发展奠基"的办学理念，顺德一中自主开发了100多门校本课程；致力于学生核心素养和拔尖创新人才培养，顺德一中成立了少年科学院、凤山书院、九章书院，对应自然科学、人文社会科学及艺术、数学开展课程设计；开展"阅读、书写、运算、表达"四大基本能力课程；开展"一百场科技报告会、一百场人文报告会、一百场读书报告会，一百场达人报告会，一百场电影欣赏报告会"素质拓展课程。此外，"一中大讲堂""真人图书馆""三年千里跑步健身计划"等具有一中特色的课程，也深受师生热捧。

经过不懈努力，顺德一中的管理效益很快得到显现。2016年高考，顺德一中梁颖怡同学获全省文科第一名；丰盛同学获全市理科第一名；5人被清华大学、北京大学录取。

秉承"为学生一生发展奠基"的办学理念，谢大海校长积极鼓励和引导师生全面发展。顺德一中女排代表佛山参加省赛，连获"十二连冠"，并代表广东省出征全国赛；女垒参加省赛斩获冠军。一大批师生在体育、科创、艺术等领域摘金夺银，众多学生通过多元化升学途径圆梦理想大学。

2018年，顺德一中名列全市三所"卓越高中"创建学校之一。接着，顺德一中教育集团成立，7所成员校抱团发展，探索从小学到高中创新人才贯通培养模式。2021年底，顺德一中教育集团获评广东省首批优质教育集团培养对象。

近年来，顺德区委、区政府提出建设好生态、好学校、好校长、好教师"四好"工程，一批优质中小学校兴建或扩容。谢大海校长则亲自参与了顺德一中西南学校、乐从第一实验学校等多所学校的建设工作。

人才兴校，矢志不渝。2022年，谢大海校长主导顺德一中开顺德公办学校引进清北毕业生任教的先河。至2023年，该校已经引进6名清华大学、北京大学毕业生和2名名校博士生。此外，顺德一中尚有正高级教师7人，特级教师2人，省级名师工作室主持人4人，学科金牌教练1人，高端人才规模名列全市前茅。近年来，顺德一中青年教师参加省、市、区教学能力大赛，无论是获奖人数还是获奖等次，均居于全市顶端。

近8年来，顺德一中有近20名学生考入清华大学、北京大学等顶尖名校，有超过30名学生达到清华大学、北京大学录取标准，数千名学生被"985""211""双一流"名校录取。顺德一中的办学经验，被国家级媒体

《人民教育》《中国教育报》和央广网、环球网专题报道。目前，佛山市"双高"行动计划铺排就绪，顺德一中名列全市三所数理类高水平高中学校之一，已然站在了新的起跑线上。

　　"为学生一生发展奠基"，这是谢大海校长20年前提出的教育理念。初心如是，一以贯之，他是坚守者，更是践行者。

顺德一中2023年度"十件大事"

1. 校长高峰论坛，汇聚教育智慧

3月17日至18日，2023高中高质量发展校长百人峰会在我校举行，参会校长、专家、教师人数多达1800人。顺德一中党委书记谢大海分享学校建设经验，带领与会人员参观岭南特色的现代水乡校园，学校治理赢得与会行家好评。4月和10月，我校举办广东省名校长工作室联合研修活动，发挥辐射引领作用，来自省内各地的学员汲取管理经验，交流教育思想，汇聚教育智慧。

2. 不断创新跨越，办学成果丰硕

2023年，顺德一中办学取得历史性突破：高考进步率、特控率、高分率和名校率均引领同侪，梁峻豪同学成为全市首个清华大学和空军航空大学双学籍飞行员。创办港澳班、固基班，英语听说、体育类等成绩破纪录。学校获得顺德区办学质量卓越奖、佛山市普通高中教学质量综合评价优秀奖，连续12年获评"顺德区先进学校"。另外，学校还被评为广东省空军招飞工作先进单位、广东省中小学"最美阅读空间"、广东省优秀学生会、佛山市基础教育教育基地项目高中语文教研基地、佛山市首批基础教育课改实验建设学校、全国中学生外语素养大赛优秀组织单位等。

3. 深抓教学管理，深耕课堂教学

2023年9月，顺德一中确立"深抓教学管理，深耕课堂教学"的工作重心，明确"以生为本，以学定教，聚集三新，深耕课堂"的基调，形成"教学规范月—教学研究月—教学效益月"的线索，重磅推出市、区级骨干教师精品展示课12节，科组精品教研课115节，青年教师汇报课29节，备课组常态化教研、推门听课，掀起新一轮课堂研究热潮。清华大学、北京大学等17名新入职青年教师勤勉踏实，专业扎实，活力四射。

4. 入选"双高"行动，打造一中样本

4月，我校数理类项目入选佛山市"双高"行动高水平特色项目，科技类项目入选市级特色项目。11月13日至17日，我校首创"同济大学周"特色系列活动。同济大学大力支持，响应迅速，设计创意学院党委书记陈燕向顺德一中颁发"同济大学卓越生源基地"牌匾，陈华根教授分享了自己的南极科考之旅，王丹妮老师解读同济大学特色培养方案与强基计划的招生政策。围绕"双高"创建方案，我校主动对接亮真招，为拔尖创新人才培养贡献"一中方案"。

5. 挖掘育人资源，引领青年思想

7月13日，"一中青年行·走进善耆"爱心敬老行动在善耆家园敬老院举办。师生将精彩节目和爱心课程献给长者，也聆听长者人生智慧。顺德一中党委挖掘德耆基金会、善耆家园、桑榆红导师团的育人资源，与德耆党支部签订共建协议。另外，党员教师和学生团员赴黄龙村、西海抗日烈士陵园和广东工业设计城等地学习，学校邀请团市委马超部长来校上团课，组织青年师生座谈，搭建志愿服务和社会实践平台，让一中青年"看更大的世界"，接好历史"接力棒"，挺起新时代"中国脊梁"。

6. 获评"书香校园"，全市唯一入围

12月，顺德一中成为全省推荐的2023年全国5个"书香校园"之一，也是此次佛山市唯一入选学校。今年以来，顺德一中大力贯彻佛山市教育局构建"时时能读、处处可读、人人悦读、泛在接入、精品任读"的中小学"5A"阅读教育教学体系的要求，打造以学校图书馆为主体综合应用的特色阅读空间，开展阅读推介、阅读分享等活动，提升阅读品质。

7. 启动互访交流，开阔国际视野

7月和10月，顺德一中与德国卡塔琳娜文理中学开展互访活动。双方走进彼此校园，深入课堂和社团；走进企业和社区，了解经济产业和文化特色。此举开拓了一中学子的国际视野，架起了一座中德友谊之桥、文化沟通之桥。学校另启动与英国学校连线，开辟多条线路，为深度交流铺路。

8. 女排突破纪录，挺进全国八强

9月，顺德一中女子排球队代表广东省出战第一届全国学青会，分别力克湖北队、宁夏队和河北队，提前挺进全国八强。这是一中女排队近5年获得12冠之后创造的又一历史纪录。队员们弘扬"敢于胜利，永不放弃"的一中女排精神，创造佳绩，鼓舞师生士气。

9. 学子真情告白，传递一中声音

6月9日，高考结束，顺德一中高三（13）班考生施一凡在校门口接受采访，激动飙泪，真挚感谢学校、老师和亲人，现场动人一幕被各大媒体报道，数十万网友"点赞"，一中学子形象出圈。

10. 举办校庆盛典，凝聚一中力量

2023年，学校举办112周年校庆系列活动，主题为"文接百年风华　志取万里云程"。退休教师座谈、老校长与青年师生座谈、校友座谈，"一中故事"主题征文、"我的一中故事"主题讲座、"十件大事"评选、吉祥物征集、"计客杯"三人篮球赛、"校友杯"羽毛球团体赛，凝聚一中力量，弘扬一中精神，赓续一中辉煌。

后 记

回望过去，那些在教育田野上耕耘的日日夜夜，如同涓涓细流，汇聚成了这本承载着梦想与希望的书籍。在《风吟微澜》这部作品即将付梓之际，我内心充满了感慨与感激。

《风吟微澜》不仅记录了我个人在教育事业上的成长与探索，更见证了顺德一中乃至顺德教育的发展历程。从提出"为学生一生发展奠基"的办学理念到构建"互联·深度"的教学改革模式，从打造"现代书院制"育人体系到推动教育集团的成立与发展，每一步都凝聚着"一中人"的智慧与汗水。

在编写这本书的过程中，我得到了许多人的支持与帮助。首先，我要感谢佛山市顺德区教育局及各级领导的关怀与指导，是他们的信任与支持，让我有了不断前行的动力。同时，我也要感谢顺德一中的全体师生，是他们的共同努力与不懈奋斗，让顺德一中能够不断取得新的成就。此外，我还要特别感谢那些在我教育生涯中给予我帮助与启发的师长、同事和朋友。他们的智慧与经验，如同灯塔一般照亮了我前行的道路。在编写这本书时，我多次与他们交流探讨，他们的见解与建议让我受益匪浅。

在回顾与总结的过程中，我更加深刻地认识到教育的本质与意义。教育不仅仅是传授知识，更要点燃学生心中的火种，引导他们走向更加广阔的未来。作为教育工作者，我们的责任重大而光荣。我们要时刻铭记初心，不断探索创新，为培养更多优秀人才贡献自己的力量。

最后，我要感谢所有为这本书付出辛勤努力的编辑、校对及出版人员，是他们的专业与敬业，让这本书得以顺利出版。同时，我也期待《风吟微澜》能够为广大教育工作者提供有益的借鉴与启示，共同推动教育事业的发展与进步。

展望未来，我愿继续与"一中人"一道，秉承"为学生一生发展奠基"的办学理念，不断前行，在教育的道路上书写更加辉煌的篇章。愿《风吟微澜》能够成为我们的共同回忆，激励我们不断追求卓越、勇攀高峰！

谢大海

2024年3月12日